证严上人琉璃同心圆

潘煊●著

復旦大學出版社

目录

【卷二】悲心
是逆转痛苦的幽径

【卷三】舍心
从无求的大道连动生命新境

序

心如琉璃

釋證嚴

在《药师经》中，佛陀曾谓东方有琉璃世界，药师如来、日光、月光等菩萨住其中，琉璃为地，金绳界道，城、阙、宫、阁、轩、窗、罗网，皆七宝成。这虽是佛陀喻示的理想国，但若人心修行，集众善慧，心念能如光耀天，琉璃世界就在眼前。

琉璃，是佛教中的青色宝石，有如天青之蔚蓝，质地晶莹，表里洞彻，内外相映，光似高日丽天的晴空，象征涤尽无明的如来藏性。而这正是人人内在本具。

宋朝茶陵郁禅师有一传唱千古的悟道偈语：“我有明珠一颗，久被尘劳封锁，今朝尘尽光生，照破山河万朵。”所写即是净如琉璃的人心自性。

《阿弥陀经》谈及世间五浊——劫浊、见浊、烦恼浊、众生浊、命浊，而今正充塞于现世社会，人心不和、种族冲突、阶级斗争、国际纠纷，甚至宇宙灾难……人间有“浊”，全球似乎弥漫绝望；然而，也因人间有“净”，世界仍是希望昭然。

放眼周遭，许许多多的光辉影像，让我们一直看见希望在绽放。

大林乡下一个名叫大埤的地方，有对老夫妻年龄加总已一百六十多岁，他们在慈济筹建大林医院时，积极存钱，发心奉献。我问他们收入的来源，老阿公说：“我们每天去捆葱赚工钱。”

从清晨两点工作到近午，旺季时一天赚五百元，淡季时两人合起来才两百多。虽然家中有些破旧，天天捡柴用小灶煮粥，但阿嬷说：“做好事很快乐。”阿公阿嬷每日相偕骑摩托车到工地，坐在对面的树下望着寸寸长高的医院，欣喜乡人健康守护有望，他们发愿，捐一部救护车。

一部救护车需八十万元，而他们的积蓄才四十万，医院同仁感动至极便在各处张贴消息，希望一起完成阿公阿嬷的梦。于是，大家一千、五千、一万甚至整月薪水发心乐捐，最后，足为医院购置两部救护车。

一念善启发万朵心光，两双捆葱的手、一对静看医院的身影，所焕发的明净剔透，不正是为我们的社会铺陈琉璃质地？

慈济的法门路径，正是以大爱实践于人间，开发自我的智慧，自觉觉他。凡夫总是烦恼炽盛、习气深重，我们行在菩萨道中，要使内心净如琉璃无染无瑕，必定要时时自我净化。唯有自己净化了，才能净化别人。一向，我以“合心、和气、互爱、协力”勉励慈济志工，在群体相处中，能够人圆、事圆、理圆，成就真善美的晶莹人生。若以具象作喻，合心、协力连接环抱成圆，和气、互爱居中作轴，以琉璃为心，我们都在这圆的转动里。

“立体琉璃同心圆”，是慈济最新的架构精神，圆是转动的球体，因此所有慈济志工不分前后、上下、高低。大家同在团队潜移默化的力量里，浸润自身，以团体之圆修自心之圆，辗转相教、彼此精进，在浊世中推动人间的菩萨志业。

人间菩萨闻声救苦，一袭蓝天白云的衣装行走全球，或救灾或义诊，或陪伴或关怀，每一个以生命做志工所展现的气度，都是一块湛蓝的琉璃宝石。

我期许慈济志工以琉璃之圆，转动人间之圆。因为，每一个人心中都有一颗明珠，而全球人类也都俯仰于同样的空气、同样的阳光、同样一个地球的同心圆中。不论是心内的小圆或心外的大圆，微观看小宇宙，宏观看大宇宙，圆圆相映，天地道同。

五浊恶世，世界危脆，正是需要全人类逆流而上的时机，由浊返净。

如果我们每一个人，能将自我的生命净化，调适内心超越一切困境，就没有“命浊”。

净化自己之后也净化他人，大家相与为善、提升智慧，不起分别心或喜恶执著，社会一片清净祥和，就没有“众生浊”。

人人是好人，时时都感恩，无争逐，无纷扰，不会在偏差中作茧自缚，自然没有“烦恼浊”。

去除了烦恼，见地明亮，思维清阔，从小而大，从个人到国家种族，都在一种良性平衡中，也就没有“见浊”。

此方见解与彼方见解互能设身处地、相容配合，无论时间如何流转变动，心地常在道业中，当然也就不会为“劫浊”所困。

如此念念吉祥，人们皆于实践中付诸善行、长养智慧，日日趋向圆觉，心光照大千，当下时空就是琉璃为地、七宝所成的理想世界。

二〇〇四年七月于花莲

【卷一】

慈心

是走向幸福的通路

每一个人的心，都可以打开无数美丽的天窗。
天窗，是眼睛的道路，也是心灵的道路。
证严上人诠释佛教中的“慈”，意即透过爱与善行给人幸福。
爱在人心透光，有如熏风穿门，
风一过，心就打开了一条通路，联线着一己与外界的共振。

在慈济，“慈”对应了“慈善志业”，
无论是在二〇〇三年的美伊战争，
或是回溯一九六六年至今的台湾社会，
证严上人四十三年来透过慈善所做的教导，
其实就是一次又一次的“开”心之道。
许多人在进行生命转化的过程中，发现这是一条幸福之旅，
心门被打开了，透入光亮了；
透入光亮后，在自利利他的行动里，
助益了整体世界的幸福公转。

第一章

世纪战火中，开人心之善

人类有毁灭的力量，就有抚慰的力量，
世界因而不坠。
一如任何国际人道救援组织，
从台湾，证严上人的心版是基地，
一张菩萨网络铺展开去，走在战火之前。

拂晓，夜鹰啸空。

刹那里，土地震颤，火光轰天烧灼。凌晨五点三十分，沉睡的巴格达悚然惊醒，醒在浓烟、烈焰、巨响但黑暗的噩梦里。

这夜鹰，不是飞禽，而是夜间空袭杀手，美国空军的 F-117 隐形战机。形似蝙蝠，名唤夜鹰，二〇〇三年三月二十日掠空而过，伊拉克黎明前的五点三十分，自此，成为被烽火烙印的历史时间。人类在二十一世纪的第一场热战，开打于美伊之间。

序幕就这样拉起，台湾时间是同日上午十点三十分。

上午八点三十分，战前临界点，世界紧绷着神经，在我们与美国之间，也牵系着一条密切连线。花莲静思精舍的证严上人，才从每日例行的志工早会下座，随即接到来自洛杉矶的电话，慈济全球志工总督导黄思贤①就这一触即发的战争，请示因应作法。这是开战前两个小时。

而更早在开战前十二天，三月八日，紧邻伊拉克的约旦慈济人陈秋华②，向证严上人回报，台湾驻外单位已告知当地撤侨。战争气息扑面逼近，有些华侨却穷得无法避离，陈秋华逐一了解，在慈济基金会的拨款下，帮助了三十六个家庭的撤离旅费。

黄思贤与陈秋华，一在飞弹号令发射的国家，一在飞弹轰击爆落的邻国，他们，是证严上人的双眼、双耳、双足，在美伊的烟硝局势里，为证严上人去看、去听、去守护人心。

走在战火之前

人类有毁灭的力量，就有抚慰的力量，世界因而不坠。

---

①②　延伸阅读参阅《证严上人　衲履足迹》二〇〇三年春之卷。

一如任何国际人道救援组织，从台湾，证严上人的心版是基地，一张菩萨网络铺展开去，走在战火之前。灾难未至，疗伤的脚步已先起行。

起行那时，还在年初。农历大年初一，陈秋华返回静思精舍过年，并且向证严上人报告，约旦慈济人已在筹备救难物资。

证严上人关切："一旦开战，是不是回台湾？"

"师父，我不会回来，但我会先保护当地华人平安离开。"陈秋华跟随约旦哈桑亲王已三十余年，曾经，约旦发生政变、哈桑亲王要他离去，他同样一句话："我的任务是保护您的安全！"

本是台湾海军陆战队上尉的陈秋华，在一年约旦皇族访台时，由于跆拳道的高段造诣深受赏识，因而被派往约旦，在当时谋弑国王的风声鹤唳中，担任哈桑的侍卫总教练。

与慈济结下深缘，是在一九九八年大爱电视台开台典礼上。陈秋华看到慈诚队员行伍昂藏、雄姿焕发，以为全是职业军人。当他知道是慈济志工，军人襟怀敞开慈悲心门，铁汉皈依证严上人。回到约旦，上千次济贫、救灾、发放，感动当地不同宗教信仰者——天主教、基督教、佛教、伊斯兰教，天使心灵、菩萨意境凝成一束光，在中东闪亮。

陈秋华法号"济晖"，证严上人诠释："就是希望他能在约旦发挥慈悲的光辉，他做到了。”

就在陈秋华向证严上人请示物资发放事宜时，从事纺织品出口的年轻女企业家张琼文、蔡秀妹在一旁听到了，想及难民除了食物外，一定缺少保暖衣物，立即表明心意：“上人，我们想捐赠毛毯。”

三月初，她们呈上毛毯样品。证严上人前前后后抚摸着，像是贴触到寒冻大漠中的一袭暖意，点了点头：“嗯，很软，很暖，白天可以作披肩挡风沙，晚上可以当被子盖。”

于是，一万五千条毛毯立即进厂赶制。从裁布、车边、烫印会徽、冷却、折叠、品管*、装箱、上柜，暖洋洋的流程，流动着一条蓝色之河。六天半里，一千人次以上的志工孜孜矻矻，下班来赶工的，请假来加入的，每一件毛毯抚过，每一寸温暖都将去到遥远寒苦的地方。因为触感柔暖，才更能体知冷冽冰寒，生命的同体感油然而生。生产线上，悲心输出。

裹身的毛毯上线赶制，果腹的罐头食物同步研发。慈济基金会宗教处王运敬向证严上人报告进度，经过专人试吃，已符中东口味、口感，将装成一个二十英尺货柜，与两个满载毛毯、民生物资的四十英尺货柜，先后运往约旦。

---

* 品管：产品质量监督与控制。——编者注

局势已到“一声令下”的最后阶段。三月十九日天未亮，陈秋华带着约旦慈济人顶着沙尘暴，长途驰行到边境，准备搭建安顿难民的帐篷。

走在战火之前，食、衣、住，都准备着了；而战事终究还是爆发，三月二十日，举世震动。

世局里的佛七

美国发动攻击，伊拉克不甘示弱，两国民众惶惶不安、人人自危。

“暂停一切大型公众集会，避免搭乘飞机，密集进行社区爱洒人间活动，安抚人心。”这是证严上人第一时间的叮咛，嘱咐宗教处即刻发文慈济美国总会及各分支联络点。

会议室里，众人集坐，肃然无声。证严上人眉间微蹙，时而叹息，时而凝思。当新闻画面出现伊拉克人民为躲避飞弹，仓惶逃入防空洞时，证严上人语调忧沉，“躲空袭是很辛苦的……”

声音仿佛翳入幼年时光。第二次世界大战，七八岁小小的女孩儿，一看到飞机就害怕，警报响起，跟着大人抱头狂奔，逃入防空洞里。等到警报解除走出洞外，已是景物全非，甚至，血肉模糊。当时的台中县清水镇，供奉着一座观音殿，有一次空袭伤亡无数，乡人不禁悲怨："观音妈怎么不灵验，不把炸弹移到海里?"这时，一位身穿黑色台湾衫的长须老人站在防空洞前，凄然一叹，"观音妈不是不灵验，是众生自作孽，不听观音妈的话，观音妈很伤心，已经哭到眼泪干了，现在哭出来的是血。"

小小心灵不懂什么是哭干眼泪，如今，女孩成为证严上人，近一甲子之前的战争记忆，在今日的烽火里鲜明。人伤我痛，人苦我悲，但欲哭无泪。

眼已干，而声音里泛出泪意，"我们来想想，当第一颗飞弹落在巴格达时……"一朵浓黑诡谲的蕈状云在众人心上浮升。深叹一口气，证严上人告诉大家："《梁皇忏》有言，'天子一怒，伏尸万里'，而这主事者的心念来自众生，众生共业的力量影响他的意念、行为、决策方向。业力可怕啊！消极的自求多福是悲哀的，必须积极汇聚爱心，唯有祥和，才能冲淡暴戾之气。"

一如科学家所研究，当一滴小水滴流入海里，整片大洋都能找到它的成分，小我力量不可思议。证严上人期望大家，止息意念中的波动，让心安然落座，静思生命共同体。蕈状云或者祥云，都在同一片天，不分人我，没有远近。

这是开战第一天。

第二天，静思精舍数字会议室进入倒数读秒，大爱电视“慈济新闻深度报道”开播，首集以“在战乱中看见爱”为主题。如果，美国CNN电视可以把SNG* 架上坦克车，现场直播枪声哒哒、弹落尘飞的震撼镜头，那么，世人更需要另一种视觉引领，回到爱中，看见和平。大爱电视悬天的九颗卫星，每一颗星上，都是证严上人投射给全球慈济人的爱的功课。

第三天，小麻雀来到众人内心。证严上人说了一个故事，森林大火里，一只小麻雀挥翅沾水，一趟一趟飞洒灭火。熊熊烈焰，星星水滴，动物们笑它自不量力，但天神感动了，终于降下大雨。“我想，我们就扮演一只麻雀吧！”证严上人鼓舞大家共聚善业福力，把爱的气象凝造起来。

第四天，祷音回荡，“一愿远离兵厄去瞋恨，二愿社会祥和息纷争，三愿人心净化似清晨……”声声祈愿，从佛前，逸出精舍檐瓦，静思堂中歌声遥应，花莲的天空下，声波如云相会。证严上人更大的期许是，祷音从花莲，到全省，贯串海内外慈济人，环环连动，波波荡漾，如水光，似气流，袅袅升腾，凝成大气象，“这叫做祥和效应，”慈蔼的语声充满激

---

* SNG：Satellite News Gathering，即“卫星新闻采集”。——编者注

励："不要怕力量小，不要怕声音微弱，只要人多，从自己的家庭、邻里、社区开始，天天持续，总会有效应产生。"证严上人提醒，一定要亲口唱，"真正的虔诚是与自己的本性佛结合，才能产生力量。"

第五天，歌声高扬，从近到远。

第六天，深邃自观，由外向内。战火岂只在美伊之间，大至世界、国族、社会，小至家庭，甚或同事、朋友，最微细的是自己与自己的纷争。证严上人指出化解次第："先调伏自己的心，修行之道在于启发自性三宝。"

自性中有佛，"我们要启发心中大爱；大爱就是大慈悲，大慈悲就是人人本具的自性佛。"

自性中有法，"每个人都有方法来调伏自己心中的无明，且在调伏自心之后，走出去带动他人生起方法，这就是自性法。"

自性中有僧，"人人都有自心的烦恼家，若能从内在的烦恼家跳脱出来，就是出家，成就自性僧。"

第七天，正逢药师法会日。证严上人开示大众，"《药师经》正是对治现代人心病的一帖良药。"良药在乱世，再一次诵念，再一次省思己心。

七天里，证严上人应机而教，为颠簸人心开安然道路，慈济人在这动乱世局，仿佛打了一次佛七。

边地行经

佛七，不只在七天，而是日日、时时；在台湾、全球，在佛前，也在战地边缘。

“蓝天白云”①的慈济身影，穿走在约旦边境。滚滚大漠，疾风鼓胀着一顶顶帐篷，志工们紧握帐绳营钉，实实扎进土里。扎一个家，难民就不必天地漂流。

就在陈秋华临出自己家门，他走了几步，回过身来，拿出一包东西交给太太：“这是你和孩子的护照，还有一些现金和重要文件，你带着。”太太接过手，一脸疑惑：“这是做什么？”

陈秋华告诉她：“战争会打到什么程度，谁也不晓得，我现在出去，回不回得来，无法预料，如果真有什么事，你带着孩子，赶快离开。”太太满眼含泪，急急摇头：“你不走，我当然也不走。”

走的是无畏的脚步。陈秋华所行所见所感，迅速回传台湾，证严上人就着电视画面上的帐篷区，告诉众人：“现在看到的这一片茫茫黄土，秋华这样写着，白天气温摄氏四十

---

① 蓝天白云，最初是慈济美国分会的志工服，蓝色上衣、白色长裤、后来成为慈济活动的标志。

度，晚间降到零下，加上沙尘暴的漫天茫雾，一开口就满嘴沙子。这种环境，难民要如何生活下去啊？这是秋华的心灵感触。”约旦到花莲，以地球区块而言，是从中东到远东；师徒之间，在天之涯在海之角，路很远，心很近。

陈秋华要面对的，不只是滚滚沙尘，还有战乱所掀起的人心风暴。他不断用电话去安抚当地人心，并且邀约大家一起打包物资，让视线从电视上的战地画面或反战喧嚣移开，转而落在手上的关怀、温暖与希望。物资理好，心也安住了，这是陈秋华的带人智慧。

“最重要的是，把上人的精神带给他们。”晴艳的大漠阳光下，陈秋华在大爱电视台的访问里，谈到自己的使命，“上人的法教已在约旦逐渐成长，看到我们约旦籍的志工，能双手奉上去、腰身弯下来付出，这是非常感恩的。”

难民营之外，约旦慈济人的车痕划过上千公里的沙漠，在偏远的游牧地区进行物资发放。

破陋的屋檐下，老人家坐着，双脚包裹着几层塑料袋。台视记者蒋任说：“我以为他的脚是在流血，因没有医药所以把它包起来。但陈师兄告诉我，那是因为他没有鞋袜。我一听，当场就把袜子脱下给了他。其实那一刻我是满矛盾的，因为把穿过的袜子给人，至少在台湾就不是一个很礼貌的举动。”①

然而老人家把袜子接过去了，然后一层层脱掉脚上的塑料袋。那是一双干冻龟裂有如枯枝般的脚，老人家拍了拍脚背，用手捂一捂趾掌，穿上了那双有着人的体温的袜子。

爱在人心透光，有如薰风穿门，风一过，心就打开了一条通路，连线着一己与外界的共振。对陈秋华是如此，对约旦边境的志工是如此，对记者蒋任也是如此。

所以即使大雪飘飞，日出冰融造成约旦河暴涨，陈秋华仍然领着志工，前往河谷，把赈灾物资亲送到每家每户，以及残障孤儿院。慈济本会宗教处王运敬在与陈秋华电话联系时，问他："烽火连天，你们还要出门去做关怀吗？"

陈秋华回答："就是在烽火中，才更能让大家体会付出一分爱心的可贵，和平不是口说，是行动。"《无量义经》所言："未能远离诸凡夫事，而能示现大菩提道。"菩提道上践行经典，《无量义经》已到了边地。

雪水正深，战火正热，证严上人谈起身处冰炭大地的陈秋华，常说："这位弟子让我深深感动。他不断将'慈济精神'与'爱的种子'撒播在约旦，在那个苦难国家中，真正是

① 参见大爱电视台档案资料。

一位‘缘苦众生’的菩萨。”

“来不及”的谜底

从二〇〇一年开始，在证严上人心中，经常涌现一种难以言喻之感，感觉时空中一股无可抑遏的力量，在膨胀，在滚转，愈转愈快，快到眼前了，“来不及了，来不及！”这种感觉，直到二〇〇三年美伊开战的三月二十日，那天证严上人心头恍然一悟：“就是它！”那种强烈的来不及，就是战争和瘟疫！

几天后，在静思堂一场研习营开示里，证严上人面对海内外多国学员，有感而发，心境流露：“我常说来不及，就是感觉到慈济已经三十多年了，我到底净化多少人心呢？放眼天下众生如此之多，我要到什么时候才能真正把净化人心的声音，很彻底地传到每个地方，让人人都能听到，并将人人心中本具的爱心启发出来？慈济人的数目和全球人口比较之下，真是千千万万不及一分，还有这么多众生，我真的是来不及净化人心。只要大家跟我有缘，听我说话，相信了，肯定了，也都是不惜一切投入、付出、推动，大家真的都已经尽心尽力了，但还是有很多人的心地，还没有得到这一分净化的讯息啊！”

讯息在四十三年前开始传递，在台湾，在花莲，在市井之间，在克难的“竹筒岁月”。

第二章

竹筒岁月，
给人心一个方向

每一天，伸手一个动作，“咚”一声响，
脆脆亮亮透入胸臆，五毛钱系住一念心。
竹筒岁月潜流的善心，
菜篮底下的自然活力，
竟引动了日后滚滚大潮般的浩荡长音。

开门的是证严上人。

女子看到门内出现的一身白衣短褂，忽地跪下，“是你！没错啦！你就是我的师父。”

证严上人一时莫明所以，女子径自说着：“我拜佛，也听了很多经，但是一直找不到师父，我在梦中看到你，没错啦！”

“你肯定是梦见我？”

“梦里，你就是穿这身衣服，”女子确认：“就是你啊！你招手叫我来，我觉得跟你很有缘，师父，你一定要收我当弟子。”

这一年，西元一九六六年，证严上人年近三十，出家三载，正严守着自定的出家三愿——自力更生、不当住持、不收弟子。

然而不久前，凤林那家医院地上的一摊血，萦绕在眼；之后三位修女来传福音，话语回荡耳际：“天主教的博爱虽说只是爱人类，但是，我们却有养老院、医院、学校，即使远在深山、海边、离岛，也有教士、修女去救助贫困人群，有面粉，有衣物，但是佛教徒呢？”

大哉一问！那么，如何才能把佛教无形的精神，变成有形的行动？这个思考，正在撼动证严上人内心闭户自守的那只门栓。一摊血，三修女，世间需要千手千眼观世音，证严上人心门一开，有了决定：“如果找来五百个人，有一千只手、一千只眼，不就合成一尊千手千眼观世音了。这女子说，我一招手她就来了，那么，何不就此开始召集？”

“好！”证严上人应允她，“但有条件。”

“只要你收我为徒，什么条件都可以。”女子喜出望外。

“很简单，”证严上人语声干脆：“从现在开始，如果你要当佛教徒，必须慈悲，以佛心为己心。”

“这我会。”

“还有，以师志为己志，我现在想组织救济团体，需要会员，你必须帮着招募。”

“这简单，”女子充满自信：“我拜佛的地方认识很多人。”

就在这两相“简单”的承诺里，历史之路起行。证严上人给了她一个法名，叫“静宏”。“以佛心为己心，以师志为己志”这句话，从那一刻起，成为证严上人对所有弟子的皈依叮咛，成为一种心灵的方向，传续至今。

五毛钱，启蒙善念

眼看组织将成，证严上人却要被师父印顺导师调回嘉义，当下，静宏等人迅速发起三十位信徒，联名留人。

“要留我，你们必须每天存五毛钱，用来救济。”证严上人锯了三十支竹筒，每人一支：“出门买菜前先投进去。”

“师父，这样麻烦啦，能不能一个月缴十五元？”这群市井主妇中有人问得直接。

“我要的是每天，”证严上人告诉她们：“当你每天拿起五毛钱投进去，心里想起这是要救人，那么，一个月就有三十次的发好心、立好愿，这跟月缴十五元，只一次想到做好事，不同。”

况且，在那个普遍清苦的年代，把十五元化整为零，于家计无伤，但对善行，却是一种启蒙。每一天，伸手一个动作，“咚”一声响，脆脆亮亮透入胸臆，五毛钱系住一念心。

市场里许许多多五毛钱汇流后第一个济助的对象，恰巧就住在市场边，她是大陆来台孤苦伶仃、八十六岁的林曾老太太。大家看到慈济在照顾她，沸沸扬扬传开来了：“真的有在救啊，看那个老阿婆，慈济已经在帮她了。一个月三百元，请人替她煮三餐、洗衣服、整理家事，我们也应该加入做好事。”

市场作道场，唐朝临济义玄禅师有言：“一念心上清净光，即是法身佛。”对于那些市场讨生活的小贩，或持家过日子的女人，不识字，没读过经书，佛，说来是遥远的。但证严上人以一介僧人之姿，把五毛钱与一善念划上等号，一点一点地，在人心上擦出光亮。让菜市场里的大众语言，自然演示“心、佛、众生，三无差别”。

后山姊妹，力量连结

任谁也想象不到，如今拥有四百万会员的慈济功德会，在一九六六年创立时，原始基底，就只是那三十支竹筒，那三十个提菜篮的女人。竹筒岁月潜流的善心，菜篮底下的自然活力，竟引动了日后滚滚大潮般的浩荡长音。

家住市场边的李时，经营黑板文具生意，听说有师父要施医施米去救人，她的第一个反应是："哪有这种好事，这款的天年（闽南语，此处意指"这样的世局"。——编者注），怎么可能？"

然而，门口的一个身影转动了她的心。

那是儿子的同学，走过店前，一身衣服全是补丁。竟然有人穷到这步田地，她把孩子找来，一问，才知道他的母亲卢丹桂患了青光眼，看不见。一家数口人，全仗父亲几百元的薪水度日，哪有闲钱治眼睛。出于一个持家主妇的体知，李时心想："眼明的人都不一定能教育好孩子，又何况眼盲？"她觉得这件事，不能不理会。

李时开始向周遭亲朋募款，大家十元、二十元地凑，所有花莲熟识的人都收了，总共才五百五十元。听说治眼睛至少得一千多元，她急如热锅蚂蚁，烦恼得睡不着觉。这才猛然想起那位施医施米的师父，这是唯一可以寄托的希望。

接到这个讯息，证严上人第二天就来到了李时店里。"当我把五百五十元交给师父，那晚就很好睡了，整个心头都清凉了。我就这样进入克难慈济功德会，那年，我四十二岁。"于是，李时成为慈济功德会第六号的委员。

六号的李时，带出了七号的陈阿玉。

一天，陈阿玉上市场买菜，在李时店里遇见了证严上人。第一眼的印象，陈阿玉心想："这女孩子这么年轻，怎么就会想到要做善事，心地这么好，她家里一定很有钱。"被误以为"很有钱"的证严上人拍拍她的肩，"你也要帮着招募哦！"陈阿玉一口说好，从此，旧雨新知，到处劝募。

劝募，是一种善心的开发。

市场里的陈石金，卖糕饼、粉条为生，没有店面，没有摊位，只是用两张凳子架住一块四方木板，就做起生意来了。孩子多，老幺背在背上，夫妻俩艰苦打拼，一个月还捐了二十元。

陈阿玉娓娓说道："生活最苦，却捐最多。后来陈石金胃出血，手术、医疗都是功德会帮忙；病后，还贴补他一些本钱，助他东山再起。后来他生意发达了，孩子长大了，在市场边买了两栋楼房。有一年过年，陈石金捐出店里的麻糬义卖，而且早就戒掉烟，买烟的开销都捐给慈济，现在人还很健康，应该也七十多岁啰。"二〇〇三年的一席话里，是七十八岁的老委员，谈七十多岁的老会员。

李时与陈阿玉，法名静恒与静殷，就如静宏、静慈、静依等创始委员，跟随证严上人胼手胝足。后山姊妹，克难岁月，形成了慈济筚路蓝缕时期的先发力量。

跋山涉水，访贫中作教育

现今年届九十的老委员陈满，谈起第一次和证严上人访贫，她体会鲜明。那是一间低矮茅草屋，住着独居老人，还不到门口，大家已经闻到一股异味，陈满迟迟不敢踏进。只见证严上人一派轻安自在，进了门，在床沿坐下，轻轻牵起老人家的手，温言软语话家常。谈说之间，还拿出卫生纸为老人家擦拭眼角，温暖自然，一如亲人。这一幕，陈满看在眼里，印在心里，她觉得自己受到很深的教导，启迪了她看待人间众生的眼光。

《法华经》有言："供养无量百千诸佛，于诸佛所植众德本。"证严上人以此建立大家一个观点："每一个众生所在的地方，就是佛在的地方。既然人人是佛，我们做救济工作时，就应将那些受苦受难的众生视为未来佛，感恩他们现身说法、示现贫穷苦难，让我们懂得满足、懂得布施、懂得去除贪心。去帮助他们，就等同供养他们一样。"

带着一群弟子访贫慰苦，证严上人的衲履足迹，成为一个引流，把经文流转在弟子心田。"对于苦难的众生，倾力帮助；而同师、同志、同道的菩萨行者，则要互相照顾心灵，彼此净化，成就善业。如果自己能接受他人的成就和净化，同时，也能去成就、净化他人，这就是真正的'供养无量百千诸佛'。爱的种子播撒在人人心中，自己的德行随之长养起来，自然达到'于诸佛所植众德本'。"

苍生是己任

证严上人的大弟子德慈师父，曾道出一则证严上人尚在独修时期的往事。有一天，证严上人从花莲市区要回小木屋，身上只剩一块五，而搭车得两块五，只好搭到半途，下车徒步。边走，边在心中念诵《大悲咒》，不知不觉诵过二十一遍，已到了屋前。

屋前不远，竟有一位原住民醉得不省人事，躺在路中央，身旁就是他随手一掷的酒瓶，已摔碎在地上。天色渐渐暗了，证严上人忧虑的是，如果有车驶近，光线昏黑而煞车不及，怎么办？一地碎玻璃，农人赤脚走过去，不是很容易被扎伤？他弯下身，一片一片捡拾玻璃，暮色中的心境，似乎也片片碎裂。

回到屋内，证严上人礼佛长跪，充满自责。他惭愧，身为佛弟子，是自己没有尽到化导众生的责任，才会有人身在醉梦之间、不知危险。他忏悔，是自己能力未足，没人没钱没因缘，无法宣扬佛法，才会有人睡在路中、人事不知。

这个往事，让德慈师父深邃感知，在自己师父身上那副非凡的柔软心肠，这对一个弟子而言，是莫大启迪。

尤其他亲见访贫初期，证严上人经常在访视个案回来，一个人默默流泪，为苦难案家心疼不已。“但若是遇到困难，师父绝不掉泪，再大的困顿，他就是咬紧牙。”

个案愈来愈多，经济的困难、基金的窘迫、救济的波折，以及，人事的挫伤、识与不识者的误解甚而批评，更有，众生共业、世局之忧……重重压力，证严上人心头有千斤之沉。沉重时刻，他经常站在佛前，看着蜡烛，凝然静默。黑暗中，烛身一点一点消融，光芒闪闪烁亮，没有蜡油在火中化为溶流，怎有光的不灭？从黑暗到光明，“我不入地狱，谁入地狱？”这是证严上人的自勉，也是对弟子们的期许。

历史的能量中心

老委员陈满曾经如此感怀：“二十多年前，精舍师父们吃不好、穿不好，一条垫被硬得像榻榻米。花莲的冬天又湿又冷，有一次，我自作主张，将师父们盖得老旧的被子全换上新的，师父们回来看到，告诉我这些新棉被是要给照顾户①的，我们不能拿来用。”

还有一次，陈满一早踏进精舍厨房，看到有几根芥菜心，心想：“今天师父们怎么舍得买芥菜心来吃？”于是仔细削掉芥菜皮。师父进来看到：“今天会有客人来，芥菜心煮给客人吃，削下来的芥菜皮洗一洗，切一吋长，用盐腌起来压着，明天就可以炒来吃，很下饭。”

“上人说‘我没钱没力，只有命一条’，为了苦难众生，他拼了命在做慈济！”命一条，话一句，陈满亲见亲感，亲身践行，不论遇到任何挫折、困难，“只要想到上人的这句话，我就再系紧鞋带往前冲。”

李时说：“真的，当年我们用心做、拼命做，功德会比自己的事更重要。因为，要做慈善不简单，有师父带头，我们就要紧紧跟着走。”

陈阿玉说：“那时每天吃过饭，心里就想着要去找谁募款，就算我人在家里，心也是在功德会里。现在是老了，无法出去了。”②

---

① 照顾户：指在生活中突遭变故，而须暂时接受慈济济助的人。

② 陈阿玉师姊于二〇〇四年往生。

这些年资与慈济同龄的老委员，功德会有多少年，她们就走了多少年。从黑发走到白头，背驼了，腰弯了，骨头酸疼，走得慢了，于是，走到竹轩[1]里轮值，一坐下，就是一部部慈济的史书。访客来了，老人家开讲，仍是劝募，募的是心，李时会告诉来人："种德给子孙，不必种稻给子孙；稻谷再多会吃完，德性种下，就是生命的祝福。"

每当忆起这群慈济道侣，证严上人总是无限赞叹："我念念不忘这群老弟子，慈济能有今天，靠的就是老委员们这股精神与力量。"

用生命做慈济，她们从中年到老年，看慈济从新生到茁壮。时光走廊里，代代传衍，白发皤然的背后，新人辈出。一代一代的心灵，心房绽开如春天的花房。

---

① 竹轩：位于慈济大学与静思堂中间的"静思竹轩"，全以竹子打造，工法细致，竹材总重超过八万公斤，手削竹钉五万支，由数位老师傅带领志工，采用插榫古法搭建完成，动员海内外志工超过六千五百人次。不仅是会众参访慈济志业体的休憩之地，更充满了怀古追思与慈济人文的建筑内涵。

第三章

爱，是心地的过滤网

从凡夫的境界到达佛的境界，并无二法，
唯有将已污染的心，不断地过滤、净化，
直到完全清净为止。
行菩萨道就是用爱作过滤网，
透过不断为人群付出无私大爱，
终有一天，必能滤尽凡夫的种种杂质，
回复纯真本性。

在人群里修学

“学佛，一定要以自度度人的精神来研究佛法。”证严上人曾经如此勉励大众专心一意求法，自度之后进一步度人，“佛陀本怀就在教导众生行菩萨道。”

花莲地区有一位孤贫老人，罹患严重肝疾，末期发病上吐下泻，床上地下一片污血，满屋浊气熏天。慈济委员静智、静瑞、静芬前去照料，会同医师将老人家又扶又抱送到医院，不畏脏秽、没有嫌恶，心中只有一念，救人。

瑞穗地区的委员，为了要让孤贫老人洗个热水澡，帮着去捡木柴起火。木柴捡得稍慢，还招了老人一顿怒言责备，委员们也毫无怨怼，继续打理一切。

证严上人赞许这些弟子："这种折服'我慢'，去除'我相'的修养，是爱心的极致。把贫困老人当作自己亲人般对待，真令我欣慰，这就是发挥自性菩萨的典型。菩萨的人格是要我们自己来完成的，只要我们肯发心，没有打不破的困难，更没有不成功的事业。"

菩萨的功课，在人群暗角里修学，找到一个让人快乐的方法。

《说法品》："菩萨摩诃萨安住如是真实相已，所发慈悲，明谛不虚；于众生所，真能拔苦；苦既拔已，复为说法，令诸众生受于快乐。"

证严上人分析，一个饥寒交迫的人，若要他当下信佛，他一定无法接受，必定要先设法解决他生活的困境。物质缺乏者，给予食物及衣服；无家可归者，有住屋加以安顿；无力就医者，义诊解除病苦。证严上人常告诉委员，当人们来义诊所①看病时，要以慈言爱语去慰问，“进一步教他们念佛、修善，讲解因果，在精神方面加以鼓励，这是初步的说法。引度他们来世能够遇到善知识，种善根，得大智慧。你们是发心的菩萨，在物质及精神上都要平行布施，使众生能得到快乐。”

藉事练心，超越自己

一九七七年赛洛玛台风侵袭台湾南部，救灾之前，证严上人亲率委员在当地住了十几天，进行勘灾工作。乡市公所是第一道接触程序，可在此抄列低收入户受灾名单。

上午去，办事人员说：“怎么这么早来？我们还没有开始办公。”于是大家等着。

“我们的工作已经忙不完了，你们不要等，中午再来。”众人只好先出去摸索着查找。

中午赶回公所，办事人员一看到：“我们工作了大半天，已经很累，你们还来？”

“那什么时间来比较恰当？”大家很想知道。

---

① 义诊所，见本书第七章，第111—112页。

“下班前。”

好不容易等到下班前赶去，还是扑空，因为，“主办人的家也受灾了，他提早下班去整理了。”

一连几天，委员中终于有人耐不住了。“师父，我们为什么要在这里低声下气、看人脸色呢？”

证严上人告诉他：“人家没要求我们来赈灾，是我们自己要来的，我们请求人家提供资料，低声下气也是应该。”

“可是，再怎么讲我们也是来赈灾的啊！”委员还是为证严上人及众人抱不平。

“你要知道，他们是公务，我们是义务。他们时间到了上班、时间到了下班，这并不过分啊。但是我们，如果不能拿到灾户的资料，就会辜负很多人的爱心，所以每个人都要耐心等待，是我们求人家，不是人家求我们啊！”

耐性训练，观念转弯，证严上人带着众人穿越事相，回归事理。

其实，跟随证严上人，自来就是一种穿越之旅。

穿越一己的生活范围，主妇从家庭跨出脚步，抽出时间用于社会。

穿越个人的知识领域，纵不识字，也可以画鸡画鱼画菜叶，用象形图案记录会员资料。

穿越人与人之间的隔墙，用爱透入群众心田，善念合流。

穿越县市地界，温暖流注台湾头尾。

穿越年代时间，从第一个十年，走向第二个、第三个、更多个十年；从二十世纪直迈二十一世纪。

在整体的时空历史里，穿动个人的生命历史，慈济人称证严上人为“上人”，上人之教，是穿越之旅的导航。

打通人生筋骨

台北委员静旸深入慈济三十余年，而今回首来时路，她明明白白看到自己在证严上人教导下，穿越自我、程程进阶的人生脉络。

静旸清楚记得，一九七八年第一次在静思精舍见到证严上人时，所听到的第一句话是“尽此一报身”。她不懂，未学佛的她完全不知道有何必要尽此一报身？尽此一报身去做什么？

直到一九七九年随师访贫，在贫民区里，她看到许多贫病交迫、孤老无依的人，整个心仿佛一盆静水被强烈摇震。可怜人这么多，让她感知“尽此一报身”帮助人群的迫切，开始学着劝募会员，并常带朋友、会员参访静思精舍。

同来者都回去了，静旸总是多留一天。证严上人问她会些什么？她往往回答："我都不会。"看她闲闲散散却也欢欢喜喜，证严上人也就任她轻轻松松、自来自去。

每当将回台北，静旸的心就像薄暮低垂。计程车已到前庭等候，德慈师父殷殷叮咛："路上小心喔，常回来啊，再见了！"语声那样慈蔼，身态那样近切。车子起动，回望伫立暮色的身影，那久久挥动的手姿，渐去渐远渐模糊，静旸一路哽咽。她忍住喉头的紧、心头的酸，到了车站，一上火车，"我用衣服蒙住头，火车一动，我就开始哭。"

花莲台北来来回回，欢喜泪水进进出出，就这样过了一段日子。一九八四年初，农历春节刚过，慈济医院已定于农历三月二十四日破土。证严上人对静旸说："这次破土，你要替会员买车票。"

第一次被赋予任务，静旸积极通知委员、登记人数。她形容："从那一刻起，我才真正进入修行。"

参加者增增减减更动频繁，统计数字涂涂改改，一而再再而三，她耐住性子忍住气，天天跟数字拉锯。就像掉入滚转着几百张车票的漩涡，磨得吃不下、睡不着，足足折腾了二十天，总算登记结束。买好车票，委员一一前来车站取票，结果，还有人要改！那一瞬间，满腹隐忍压抑上升到沸点，终于溃堤，静旸把手中的几百张车票使劲一撒，趴在车站大厅墙上，放声大哭。

“经过磨了这么一次，我居然懂得什么叫‘三皈依’了。‘自皈依佛，当愿众生，体解大道，发无上心。’以前只是随众唱念，买了车票，我才真正从骨子里体会，要发大心，才能体解佛陀大道。尤其感受最深的是‘自皈依僧，当愿众生，统理大众，一切无碍。’我在想，光是买车票已经把我磨成这样了，统理大众那可是多么深广的智慧啊！”车票里有三皈依，静旸是全身心皈敬了。

回到花莲，她跟证严上人说到自己的身心变化：“师父，我经过这一次买车票，觉得整个人精神都来了。”

证严上人回答她：“你是筋骨打通了。”

对于弟子，观察心性，即使任之闲散悠哉，有朝一日，时节因缘到了，一个任务就让她气脉畅通，身心重新琢磨、重新组构，这是证严上人的观机逗教。

车票，让静旸从闲逸而起动，她劳力付出、积极劝募、四处奔忙。一九八五年，证严上人把静旸叫到跟前，“你不是读了很多书吗？”证严上人了解她出身教师的背景。

“但是，都读到背上去了。”静旸回答得俏皮。

“那就把它转到前面来啊。”证严上人轻轻一拨，顺势借力使力。

于是，静旸听到了一个任务，“医院就要盖好了，许多人以三十万元捐了病房，你去采访他们的发心因缘，每个人写三百字。”

交卷之后，紧接另一波，“你一个一个去访问我们的委员，为什么会那么投入做慈济？”

一向转如陀螺的静旸，写作，让她动极趋静，静静地听他人心声走过自己心田，静静用笔深耕。纸上功课完成，一九八七年，证严上人要她上电台做广播，平面文字又转为立体发声。节目虽是播出证严上人的讲经，但前面引言、后面结语，静旸都必须先对开示内容细听、整理、融会贯通。“那段时间，我深入上人的法。上人知道我的个性，本就无法静静坐着听经，通过节目，我不得不用心。”

二〇〇二年，从来少有感冒的静旸，一染风寒竟至哑了声音、说不出话。“上人现在给我的功课就是‘赞美别人’。我在慈济这么久了，后进委员一开口，我马上知道哪里不妥、如何修正，就会像妈妈一样叨念。上人教我把急性子降温，让人有讲话余地，赞美别人，让别人的想法有一条路走。”

证严上人给静旸的一条路走，每一阶段都是上坡再上坡，那是心性的步步高升，“我的成长，不是与生俱来，是上人一步一步在开发我。”

开发了一位委员的心田，就是开辟了一方福田，委员拉开步幅，引动社会的善念灌注其间。静旸是上千上万弟子中的一例，证之于其他慈济人，亦同。

智慧花开

一九七〇年代末，林智慧第一次来到花莲的静思精舍。

后来，一个朋友耳闻花莲有位“又瘦又有心脏病的师父要盖医院”，极受感动，邀林智慧同去。她知道朋友已备好支票，打算要捐病房。

进了精舍，证严上人正在研看医院工程图。终于得空与她们谈话时，这位朋友向证严上人提问自己的状况：“我去检查都没病，但整天昏昏沉沉，躺在床上就是爬不起来。先生、婆婆、弟妹都给我气受……”证严上人听完了种种抱怨，透视镜般把她的个性解析一番，直指人心，重病猛药直言劝诫，听得一旁的林智慧快要吓昏，心想：“糟了，这下子朋友一定不会捐钱了！”

然而这一场景，也让林智慧了解证严上人，不会为了一间病房，而敷衍了一个人的心房，“上人的了不起就在，他不是为了要募款，而是要募心，他今天给人下重药，人可以觉醒是福报，不能觉醒是因缘未到。”

林智慧与慈济的因缘，就在那席话后，证严上人起座，看了她一眼。只是那样无言地看了一眼，林智慧莫名地滚下眼泪。证严上人拍了拍她，“以后常回来。”

果然，林智慧每个礼拜都回去，每一次看到证严上人，都哭。足足哭了一个多月，一次，证严上人开口：“好了，不要再哭了。”从此，眼泪收止。

为什么会哭成那样，有一天终于解谜。那是在一个小小的茶会里，有人问了证严上人：“不知道为什么，看到上人就会哭？”

“那是因为悲心相契。”证严上人回答。林智慧因而有所理解：“就好像见到亲人，心里的某一个层面刹那间被上人启发了。我在想，我们的过去生一定跟上人结缘很深，才会在那无言的一眼中，有这么大的悸动。”

投入慈济之前，林智慧形容自己迷信的程度，已到“六神无主，心头乱纷纷”。堂中有道教神明、佛教观音，到底要拜哪几尊，心里总是摆不平。于是证严上人告诉她：“你的心如果欢喜，佛就欢喜，怎么摆、怎么拜，你不要挂碍。”

让林智慧心里迷濛的是拜拜时，老觉得佛堂隐隐有声，证严上人告诉她："心正邪不侵，心开福就来。"几句话里，林智慧整个观念一转，过去是"零智慧"，现今已在"淋智慧"了。

智慧的花，开在自己心上，当然，也要在人与人之间飘散花香。

肤慰众生、陪伴苦难，肯付出，积功德，林智慧觉得："上人对'功德'诠释得很睿智。'内能自谦'是功，在自己内心使大力下工夫，把心的功课谦恭地练好，才能有功。'外能礼让'是德，无争，不求。或许我们刚开始也会这么想，上人是不是知道我做很多事？上人会不会多看我一眼、多赞美我一下？觉得有上人的一个眼光，做死也甘愿。但是到如今我发现，我们不是在做上人的事，而是在做自己的功课，上人的法髓流布是要灌注我们的慧命，能把上人的法髓融入内心，有体会、有付出，就是在长养自己的德。"

林智慧很清楚自己的责任所在："上人一直在呼唤我们，怕我们的心睡着了。上人的使命就是度化众生，我们如果懂得上人心，能承担自己、照顾自己，就是给上人的回馈。如果我们的心轮不转，法轮怎么转，都只是在外空转。所以我告诉师姊们，有什么困难，要把大家当作真正的知己，开诚布公，打开心结。来慈济学什么功夫？就是来学解心结。"

正如证严上人所说，从凡夫的境界到达佛的境界，并无二法，唯有将已污染的心，不断地过滤、净化，直到完全清净为止。“用什么来过滤心地呢？就是行菩萨道！行菩萨道就是用爱作过滤网，透过不断为人群付出无私大爱，终有一天，必能滤尽凡夫的种种杂质，回复纯真本性。”

动力，来自于爱

一九九九年，菲律宾海板块与欧亚大陆板块刹那碰撞，台湾惊天狂震，数秒间，生命断层，天伦坍塌，至亲撕裂，心灵天崩地沉……

“此刻，我的心都空了……说任何话都无法表达内心的哀伤。”证严上人悲极无言。那一刻，是九月二十一日凌晨一点四十七分；那分哀伤，是九二一带给全台湾人的集体惊惧。两千多条宝贵生命刹那陨逝，七八千人受伤，十余万人无家可归。

极重灾区在中部，慈济志工从东、从南、从北驰援，从四面八方包拢集聚。

“我要你们的双手，代替我去拥抱所有遭逢生离死别的人。”证严上人嘱咐慈济委员，“肤慰”灾民，要以切“肤”之痛般的抚“慰”，去陪伴、去疼惜，让需要偎靠的伤弱，得到有力的支援。

“这回台湾震灾惨重，我们要彻底陪伴灾民，陪到他们困难解决；他们不得休息，我们就不能休息。”证严上人从花莲驰赴台中，宣示救援到底，二十一个“慈济救灾中心”彻夜守候灾区，提供饮食、医疗、衣服、睡袋、帐篷、毛毯，并为亡者助念。

外界屡对慈济动员能力感到好奇，证严上人简扼归纳：“慈济没有什么，只是有爱、有方法而已。”

从第一阶段的急难救援，进入到第二阶段的“安身”计划，慈济志工的任务是，建造大爱屋。

大爱屋的工地，也成了许多人身份经验的集体转换站。平时发号施令的大老板，年逾古稀的老人家，拿画笔、挂听诊器的斯文人，都转换成挥起铲子的劳动者。日本的“国际志工学生协会”(IVUSA)一行六十三人，浩荡前来。此外，摩门教徒、泰劳、青辅会志工、附近灾民，多元活力的注入，瓦砾堆中仿佛挺出鲜妍之花。

地震在这块土地上造成的挤压与撕裂，受灾者肝肠寸断，未受灾者闻之鼻酸，集体的毁伤意识，内心的裂缝，就在共同投注的时刻，为大地的创伤、灾民的毁伤、自心的悲伤，以祝福包扎。

证严上人在接受“美侨商会”（American Chamber of Commerce in Taipei）刊物总编辑安若丽（Laurie Underwood）采访时说：“人生的意义，在于有力量的人要去帮助无力量的人。”直至十一月底，慈济先后完成了十七处大爱村，让近一千六百户无家可归者，重新筑窝。

与安身计划同时展开的安心计划，进行地毯式的逐户关怀。

超过六万人次的慈济志工投入慰访，走遍大型收容中心、学校、广场上的帐篷、偏远的山区村落……每一批志工出行，证严上人总是交代，把灾民当成自己的亲人，“若大家切切实实有所体悟，将相互关怀扶持的大爱胸怀长久维持下去，则这场浩劫对社会而言，才能成为一个好的转机。”

浩劫中有教诲，证严上人让慈济人在破碎的大地里上课，“这次地震给人们很大的学习，不只要‘学习’，更要‘觉悟’”。他分析：“‘学’字之中有个‘子’字，意指心智幼稚、懵懂，所以才要学习；若将不成熟的心态去除，与真理会合，这就是‘见’到真理，也就是‘觉’悟了。学而不觉，太可惜；希望大家经由这次灾变，真正有所觉悟。”

他期许大家透过慰访，“用心去看‘国土危脆’的现象，去体悟‘人生无常’的真理；也要用心去听灾民们的心事——他们的每句话都是‘经’，诉说着娑婆世界堪忍世间的苦谛。”而且，要把平安得意时的“无常观”、失意落魄时的“因缘观”，长养在心，回归本性澄澈如湖，“山来照山，云来照云。将心历练得很豁达，顺逆境界都不动心，这时自己出以至诚，以无常观及因缘观的道理去引导人，对方才能接受。”

佛性一如日光，人事的“知”须再加上“日”，才能成为“智”，证严上人说：“面对这次大地震，若不心生警惕，只是‘知’而无‘日’的照耀，就展现不出智慧的人生！莫认为‘无常’有何稀奇，轻视无常是凡夫无法进步的原因。时日消逝，生命递减，慧命若没有进步，一旦面对变幻，虽‘知’无常，但少了‘日’的明光，就只有惊慌失措，而无智慧安然。”

八一七与九二一

“谢谢你们!”吐出一句外国腔的中文，对着慈济人，这个青年满眼含泪。他是来台留学的土耳其人。

一九九九年八月十七日，土耳其发生地震，他知道慈济人到他的国家救灾，感动无法言喻。不料台湾发生相同灾难，土耳其派遣救难队前来，他义无反顾担任翻译。

当时“驰援土耳其，情牵苦难人”活动，慈济人走上街头推动募款，有人就指着委员的脸说：“土耳其在哪里？我看不到！为什么台湾不救，要救土耳其？”

“听到这种话，我的心一阵刺痛！”证严上人心痛台湾人为何要自我诅咒，“被救是不得已、是很悲痛的！现在大灾难降临，真应验要救台湾了。”

从八一七到九二一，相距不到四十天。“八一七、九二一，两个看似再平凡不过的数字，却牵动了台湾与土耳其两地无数个家庭心中的悲。”土耳其台商胡光中说得悲切：“世纪末的大灾难，使得台湾与土耳其变成患难之交；慈济人首先伸出援手，随后土耳其救难队也迅速赶到台湾展开救援，我想这就是‘大爱无国界’的真谛吧！”

来台土耳其留学生的那一句谢谢，去国土耳其台商的无限感怀，他们的双向体受，最为刻骨铭心。

身在土耳其的胡光中，在震后第四天眼看全球各地许多救援部队相继到达土耳其，台湾却显得冷漠。失望之余，提笔写了一篇文章《救援土耳其，台湾在哪里？》希望激发国人同情心。透过台湾贸协伊斯坦布尔办事处黄文荣主任介绍，才知道台湾慈济勘灾小组早于地震后第二天，由科索沃转至土耳其，并已就地采购了三千条毛毯及睡垫发到灾民手中。

这样的跨国急援，不禁让自小生长在回教家庭、十五岁即到中东学习教义的胡光中，对佛教的看法完全改观。他真切体会到证严上人所言："经是道，道是路，路是用来行的，不是念给菩萨听的！"

而当台湾地震，土耳其四十人救难队在十二小时内飞抵，胡光中体会鲜明："突然间，我感到'施'与'受'不再是单向的，爱的回报力量竟是如此的大！"

胡光中相信，再也不会听到有人问："土耳其在哪里？我看不到！"再也不会听到有人说："救援土耳其，台湾在哪里？"

因为爱，人们知道彼此在哪里。

第四章 跨过海峡，爱萌芽

人类是生命共同体，
早已同被网进愈来愈显飘摇的天地间。
大陆山河是一亩田，慈济脚步落下，
爱的种子落下，
落点连成一条动线，在时空坐标上，
跃动爱与善的循环能量。

一九九一年夏天，大陆华东、华中地区发生世纪大洪涝，吞没家园、田地，浸泡长达二三月之久，两亿多人流离失所。

水的力量，可以破坏，也可以创造。

奔腾洪水对大陆华东华中造成的破坏，证严上人以一念心的坚持，在损毁上创造，创造一个大爱的新流向。

化不可能为可能

百年不遇的大洪患，让半个中国泡在水里，也淹上证严上人心头。进入赈灾的思索，他的心头有两种浪涛——

在大陆，洪峰滔滔，灾民家当就剩一身衣服；登高避水，楼层上挤得水泄不通，睡觉是大家背靠背站着闭眼；走不动的老人，连人带床抬高，就像泛着一叶扁舟孤等水退；茅坑秽物随流漂浮，蛆游水面，那原是人的家园……

在台湾，声浪滔滔，有人说，慈济是不是太有钱，台湾不救，救到大陆去？有人质疑，赈灾款项真能送到灾民手里？

那段时间，证严上人吃不下、睡不着，灾民饥寒影像时时萦回，他经常落泪。面对几十年心结、政治迥异的两岸形势，曾经，他自问："可能吗？"他自答："你生下来就是要化不可能为可能。"

打从决定救济大陆，证严上人就站在反对声浪的中央，逆势而行。

"一九九一年开始到大陆去，那时候，我变成台湾的罪人，直到现在，我还没有被原谅，但我还是没有停息。"证严上人认为，救灾是一种人道精神，哪里有苦难，就去哪里，任凭人言纷纷，不能因此裹足不前。

他力排众议，坚持去碰撞固有的思维模式，去消融硬化的历史关系。他预知这会是一条波折之路，但是，"要从'事'达到'理'，一定要经过碰碰撞撞，端看自己有没有毅力、勇气，敢去碰、敢去撞。”

第一批前往大陆的代表，在首次接触的陌生中谨记证严上人的叮咛：“是我们要来求人家，所以要低声下气。”因而自始至终面带笑容，离开时还向对方说谢谢。

要做，就要做得够本

依照“重点”与“直接”两个原则，慈济择定特重灾区安徽省全椒县为首援地点，为流离失所、无力复原的九百四十五户贫农建屋。

国际慈善组织所援建的竹片茅草房子，台湾有人建议暂度三年的整排隔间，证严上人都未列入考虑，“我们要做，就要做得够本。”

他的眼光永远超速于众人视线的最前端，他要给灾民的，不是窝个三年，而是住上三代。“自己要住什么样的房子，就要给他们那样的房子。”

台湾千里迢迢、历经万难才到了大陆，证严上人期待的是，让赈灾成为一个转折点，使受灾的第一代安心，第二代稳定，第三代有发展。唯有如此，才能值回众人所发的大心大愿。

一九九一年八月二十五日在台北国父纪念馆，证严上人召开“荣誉董事会”，他感激众人的踊跃捐输，“大家有钱出钱，有力出力，证严只有人一个、命一条，所以只有捐出我的命来做好慈济志业，让你们的一分一毛钱，能够包含日月、山河、历史，这是我对诸位的一分回报。”

既是水的力量流去了家园，证严上人就要让人心大爱如水遒劲，下切到历史的岩层，成为一个承载的力量，扶着灾民从漂流中站起来，立定脚跟，在钢筋水泥房里安家落户。

建屋是一个坚持，证严上人的另一个坚持是，要求主管机关让住民拥有土地所有权和建物使用权。这个想法一出，许多人纷纷反映，“师父，那是不可能的，大陆没有私人所有权。”

证严上人只有一句话：“慈济所做，就是要把不可能化为可能。”因为他相信，爱一定能感动对方。当时的两位副总执行长林碧玉及王端正，非常用心沟通，真的让大陆当局把地契打包成几十箱，寄回台湾盖章。

灾民把这两份来自台湾慈济及大陆政府的所有权状，郑重放在神桌上。祖上先人见证了爱的两岸合流。

全椒的援助模式，同一年，也在江苏省兴化县与河南省固始县、息县执行，赠衣、赠米、兴建住房，之后，着手老人院与学校的兴建。

十年后，二〇〇一年，慈济赈灾团走访旧地，固始乡民已从贫寒门户成为安康人家。有人屋前摆起小摊，有人开了工厂，屋舍整洁，拥有电视、冰箱者比比皆是。年轻一代娶妻生子，已落地生根。

石头山里十年路，贵州脱贫一程书

慈济与贵州结缘，始自一九九七年在盘县、新义的赈灾。

透过慈济志工拍回的照片、录影带，看着石灰岩上傍着零星绿意而活的麻山居民，证严上人感到震惊："为什么贵州这么穷！"

王端正说："自中国有史以来，贵州就穷。"

"我们得去帮助他们！"又一个"不可能的任务"在证严上人心中浮涌。

有人提出实际面的看法，贵州的穷有其历史性，要救到何时才能解决问题？

证严上人从"人"的角度上，为困难转念："历史上的穷是人所造成，那么，人既可以创造历史，也可以改写历史。"

一张蓝图，在他创造性的思维里，铺展开来。迁村，是转折第一步。

将世居山上的人们，迁居于地形及交通条件较好的地区，住进慈济援建的砖房，先安身，再立命。于是自二〇〇〇年六月，慈济针对罗甸、紫云等麻山地区，以及花溪地区居民，进行三年长期扶困计划。其中包括对失学儿童发放助学金、协助居民迁村及提供特困贫户生活补助。

面对千百年贫困循环，慈济扶助贵州的步骤，统整为“济贫”、“迁村”、“教育”三个大面向。

有一回，慈济在贵州发放物资，包括三个月的米粮、油、糖。影片记录了一个十来岁孩子的身影。他来领米，小小年纪必须负载八包米的重量，一包米三十斤，此外，还要拿油。

沉甸甸的米，沉甸甸的油，一边石峰、一边深崖的山路上，雪地泥泞不堪，他脚底很滑，已经开口的鞋子步步贴着刺骨冻寒，但他心里很满。

“看到这样的孩子，我好心疼。”证严上人说。

石头山，是生命的课堂

天地的万年斧凿，凿出了崎岖的贵州地形；贵州地形，凿出了山里子民如高山深谷的韧性。山里的娃儿求学不易,韧性才能读得上书。

慈济人看到了这样一个故事。凌晨五点,水温近零度,山里娃儿就水盥洗,吃过昨晚的冷剩饭,三层布衣御寒,一支老手电筒照路,往十个山头外的学校徒步。口袋里母亲给的五毛钱,是备着肚子饿时买包子充饥,如果能忍到下一餐,攒下的这张纸钞就贴补家用。但下一餐,是晚上八点。

天亮了,教室到了,是在起早摸黑的三个小时后。草叶上的露珠晶莹剔透,孩子心里对山外世界的想望,也晶莹剔透。他们知道,透过书本,透过每天崎岖的上学路,才能穿透麻山接通天地的另一头。

另一头跋涉而来的慈济人,从一九九七年首度在贵州发放奖助学金,而后于扬武乡乌湾村援建慈济完全小学,至二〇〇六年丹寨县城的慈济中学开始招生,十年努力,贵州有些山区孩子的入学率,已从原来的百分之六十余提升到百分之九十九;甚至有不少人考取地方重点学校,成为大学生。

学子,为贵州未来开了大门。

大爱电视台制作人王俊富、《慈济月刊》摄影召集人萧耀华,长年累月多次随着援助队伍,深入麻山地区采访,透过文字与照片，将慈济人与贵州人动人的相遇，化为一部《石头山上的脱贫梦》图文影像书。

一部书，是一程长路，是见证生命力穿透穷山恶水的脱贫纪实。

阅读那面对艰辛的乐天知命、那露出板牙大笑的脸庞，阅读那峰峦棱线上挣扎的行路、踉跄的背影，阅读那年轻世代企图走出困境的决心，贵州石头山，是生命的课堂。山里的子弟借着知识之梯，衔接世界；山外的人们循着爱的步履，在这里，看见了上天遗落在偏远边陲、启示人心的一部生命之书。

幸福水，致富窖

甘肃位处黄土高原，缺乏地下泉眼，雨量稀少，气候干旱，尤以会宁、通渭、东乡三县，为省内最干旱贫困之地，人们每天为了饮水，四处奔走，吃尽苦头。

有驴子的人家，赶驴取水，往返要三四个小时；没驴子的人家，徒步肩挑。千辛万苦一担水，却不全然洁净，有时挑来黄浊的雨后积水，再苦咸，也得下咽。

慈济自一九九八年起，在会宁、通渭、东乡三县援建水窖，各家各户屋外的园子里，一口口水泥窖，就是私人的迷你水库。一遇下雨，点滴贮存，乡人饮水已不用愁了。

水窖，对居民生活带来如何的效益，羊，可以成为一个会说话的数据。

以东乡县为例，过去人畜饮水困难，羊只饲养每户平均不到两头；但自从有了慈济水窖，两年后统计，每户平均豢养羊只达七点六头，畜牧业明显发展。

发展的不只是畜牧，更重要的是，孩子能多念点书。

因为农民可以腾出找水挑水的劳力和时间，外出打工增加收入，让孩子上学受教育。上了学，有了出路，困苦门户，得以脱贫致富，看见幸福。

于是，农民都将水窖誉为“幸福水、致富窖”。

自一九九八年至二〇〇六年，慈济基金会在甘肃省的会宁、通渭、东乡三县，已建成四千多眼水窖。二〇〇七年，更展开全面抗旱工程，计划三年内帮助甘肃居民修建水窖万口以上。

地震四川，气旋缅甸

二〇〇八年五月十二日，中国大陆四川省汶川县发生里氏规模八的浅层强震。飞沙走石中五万多人罹难，断垣残壁下五百万人无家可归，四千六百万灾民哀号遍野。地震释放能量是台湾九二一大地震的十一倍，重灾区面积相当于三个台湾。

而就在十天前，五月二日晚间，强烈热带气旋“纳吉斯”横扫缅甸，往生与失踪人口将近十三万，一百五十万人流离失所。

慈济于四川强震后第三天，勘灾人员与救援物资即到达灾区，展开急难肤慰与长期陪伴之路。在此之际，也同步关怀遭受风灾而死伤人数更多的缅甸。

“慈济川缅肤苦难，大爱善行聚福缘”启动了，全球慈济志工走上街头，回应灾难的是四重力道——“募心、募款、祈祷、斋戒”。劝募人们戒慎虔诚的心，汇聚大爱合流的善款，祈祷为灾民祝福，斋戒启发悲心善念。跨国界，泛族群，不分阶层，一同响应，这是长期赈灾最重要的后援。

捧在胸前的募款箱，黏贴过一层层的募款标语，距今最近的一层是“合心力援新奥尔良”，接着是“大爱进南亚”，再来则是“九二一集集*大地震”。一层层灾难，一次次汇聚善心善款，募款箱无声静默，捧在手中却如有深言

---

* 集集：位于台湾省南投县，九二一大地震的震中。——编者注

大意。志工们这样体会，众生示现苦难，我们应该好好珍惜所有；能够付出，就要立即把握；可以生活平安、手心向下，即是大福。

在四川，慈济经过实地访查、多方评估，择定德阳市、绵阳市及其他重灾地区，以短、中、长期援助方式，守护生命，绽放希望。配合灾区需要，以及当地政府整体救灾规划，设立医疗站、热食站，兴建简易屋、简易学校，安顿灾民和学童，让他们恢复生活常轨，创伤得到疗愈，毁坏的大地能够休养生息。

灾后涌入四川的国内外志愿关怀者有二十多万人，一百六十六个国家和十六个国际组织提供各式援助。然而四川政府估计，有形的重建至少需要八年，心灵的复健则须更长的协助和时间。

而对缅甸风灾的援助，初期囿于缅甸政府的限制，国际援助几乎寸步难行，慈济勘灾小组锲而不舍沟通协调，突破重重关卡，终于透出曙光。五月下旬，慈济志工已在仰光郊区举办四场发放，提供一万两千多人粮食、医疗用品、防水夹克、手电筒等物资。六月中旬，更获缅甸政府许可证，由社会福利部发函邀请慈济参与风灾的援助及重建工程。这是第一个以公文正式核准进入重灾区的外国民间救援组织。

贪念缩小到零点，大爱扩大遍虚空

“宇宙飘摇，灾难频传，使得无数人命受毁伤。大家能体会我的心吗？”证严上人慨叹，“你的心、我的心，都应该贴近佛陀的心——见天下苍生受苦难，感受到‘人伤我痛，人苦我悲’，这就是同体大悲的佛心、菩萨心。人人如此，就能互爱互助，减轻灾难的痛苦。”

地震和风灾，都可能发生在地球上任何角落，人类是生命共同体，早已同被网进愈来愈显飘摇的天地间。大灾大难需要戒慎虔诚的心力化解，证严上人提出呼吁，要把贪念缩小、缩小、缩小到零点，将大爱扩大、扩大、扩大充满虚空。全球合心祈祷，汇聚善念福缘，这一念虔诚的心，波长要拉长，爱的效应要扩大，才能让四川地震、缅甸风灾的灾民尽快走出苦难。

于是慈济人展开“祈祷”运动，不只在台湾，海外慈济人也一起响应。“看大家跨越宗教与国界，为素不相识的受灾民众虔敬合掌，令人感动。人人虔诚心念共振，一定会上达诸佛菩萨听。”

不可忽视的深远力量

大陆山河是一亩田，慈济脚步落下，爱的种子落下，落点连成一条动线，在时空坐标上，跃动爱与善的循环能量。长期带领赈灾团进出大陆的慈济基金会副总执行长王端正说："慈济的大陆赈灾工作一路走来备尝艰辛，也饱受压力。尽管如此，我们仍然确信，我们肩负的，不是一个重量，而是出自内心对生命的热爱与敬重。"

辽阔的中国山河证严上人不曾去过，但天涯咫尺，"只要有人去，我就会看到，只要有人帮我走到，我就能体会到。所以每一次我都很强烈固执地要求这样做、那样做，感恩大家替我看、替我走，然后我可以很果决地要求。"

证严上人一开始就预见了成果，"虽然有人会觉得师父为什么要做这么困难的事情，但是只要我们很用心做，几年后，心灵的回收一定会觉得很值得。"他在这件事上看深也看远，"大陆人口占天下四分之一，我们能借扶困因缘广播爱的种子，将来他们就会带动善与爱的循环，这是不可忽视的深远力量。"

第五章

台湾之心，连结世界之心

台湾，蕞尔小岛以善为宝，
从宝岛辐射出去的身影，以日光为界，
东半球的慈济人才歇息，
西半球的慈济人已起行。
日落，爱不落。

经过一九九一年大陆赈灾的运作试炼，慈济确立了国际救援的可行模式。

台湾，蕞尔小岛以善为宝，从宝岛辐射出去的身影，以日光为界，东半球的慈济人才歇息，西半球的慈济人已起行。

日落，爱不落。

超越时空的心灵境界——在柬埔寨

拿着麻袋，手持领取物资的票券，衣衫褴褛的人们鱼贯而入，很安静地等着。

搭乘吉普车，载运援助物资，火箭筒与长枪防备红色高棉①袭抢，慈济人由坦克车开道，沿一条布满弹坑的道路，很戒慎地走着。

安静等着、戒慎走着的这块土地——柬埔寨，原是富饶的鱼米之乡，历经二十余年内战，柬埔寨在一九九三年正要走向和平安定之际，隔年连续豪雨造成的洪涝，以及随后而至的大旱，让柬国政府面对灾民的嗷嗷待粮，感到力不从心。于是透过“中柬文经贸协会”，向慈济基金会寻求协助。

基于“尊重生命”、“人道关怀”立场，证严上人立即派遣人员深入柬埔寨勘灾，随后根据灾情的轻重与赈济的缓急，陆续捐助抽水机、柴油、机油、大量白米、谷种、防水胶布。更由慈济志工分三梯队，前往灾区发放物资、慰问灾民。足迹遍及婆罗勉省、茶胶省、干拉省与马德旺省，受惠人口超过三十万人。

对于救援柬埔寨，证严上人说：“佛陀一眼观照三千，一心包容天下，所以我们从事慈善志业一定要有众生平等的

---

① 红色高棉：虽在一九九三年后，柬国即进入和平开放社会，但内乱并未全然平息，尤其森林地带或多或少都有红色高棉军占据，善打游击战，时常下山放火烧村，破坏建设。

襟怀。不论什么地方有难，只要我们听得到、看得到，脚走得到、手伸得到，能力做得到，我们一定要去帮助他们。”

发放现场甚至包括曾是红色高棉与越军交战的战场，马德旺省的副省长就说：“慈济是第一个敢到马德旺前线发放的慈善团体。”

一九九四年，慈济进入援助时，仍能感到弥漫的烟硝气息。

慈济基金会宗教处主任谢景贵，当年是第一次参与国际赈灾，他大受震撼：“我不断思索，其间有过许多交战。我曾经有过这样的疑问，如此的救援，对当地的长期苦难，有何意义？然而后来我发现，物资的确有限，但爱心的影响无穷。”

目睹苦难让谢景贵的眼光穿透表象，清楚看到：“当志工与当地人双手紧握、眼神交会，就是一个有价值的感染力。不懂彼此语言的双方，竟然可以互动、可以抱在一起哭，这样的心灵境界，超越时间和空间。相互感动、彼此感恩，是爱的最美模式，让大家永铭在心。”

绝非物资发放就可涵盖，这样的一幕幕情境，是心灵资粮的彼此发放，成为发光的记忆，闪动在大人心里，也闪动在孩子心里。

大人领取物资，孩子就等在场边看，小小的心灵不知那群蓝衣白裤的人来自哪里、说着何种语言，“但那样的相会、交握、拥抱，小孩将来长大后，会变成心灵中一颗不灭的种子，记着曾经有一天，有一群不认识的人来到这里，带来温饱与美好。爱的循环于焉开始。”

风的缘故，爱的存款——在萨尔瓦多

一九九八年十月的一场密契飓风，中南美洲包括萨尔瓦多、洪都拉斯、危地马拉、尼加拉瓜四个国家，普遍受灾。慈济发起“情牵中南美，衣靠有情人”活动，募集了数百万件衣服。所有衣服，都来自一分尊重的心：第一，是自己喜欢的衣服；第二，洗涤干净才送出。证严上人透过这个原则，让每一件衣服都是衣中有情。

有情的不只在捐出的霎时，更在整理的工夫。

志工缝补扣子有完整的坚持。衣服上的十颗扣子掉了一颗，找不到相同的缝上，干脆九颗拆掉，缝上全新的十颗。一针一线密密缝，一针一线念念佛，佛号声声，祝福衣服将要到达的国家。以这样的心情，五万名志工在整理数百万件衣服。

缝缀、熨烫之后折叠，每人一张规格化的纸板作准，依此折出统一的大小，封进塑料袋，装入精确计算过尺寸的纸箱，整整齐齐叠进货柜里，结实，稳妥，正好不松不动。

二〇〇一年一月十三日，萨国发生里氏规模七点六地震，慈济志工立即会同中华搜救总队二十八名队员，前往救援，迅速于出发不到三十六个小时，抵达萨国。在满目疮痍中，以九二一后慈济捐赠中华搜救总队两千多万元（新台币）的生命探测器、探索机、热画像直视设备、切割器、油压剪等先进的救难仪器，在萨国展开救援行动。

爱的存款蓄在全球人心，那是一种无法计价的“外汇存底”。

绝望中看见希望——在科索沃

一九九九年四月，美国洛杉矶、纽约、新泽西、芝加哥、休士顿、旧金山、圣荷西、奥斯汀等各大城市的慈济志工走上街头，为科索沃的阿尔巴尼亚难民展开募款。在洛杉矶的烈日下汗流浃背，在芝加哥的酷冷风雨中冻得双手发红，有些市民感到不解，为什么会有亚洲人站在美洲的大地上为欧洲难民募款？这个问题突破了疆域，这个答案也突破了疆域，因为大爱无国界。许多人纷纷慷慨解囊，天候冷暖，但人情温馨。

同样在四月，从台湾出发的慈济志工进入马其顿边境科索沃难民营，在那里看到了流亡的悲歌。

千百年的恩怨世仇，巴尔干几成绝望的大地，然而，当有一个人从难民转而成为志愿工作者时，这里开始有了希望。这位志愿工作者告诉慈济志工："我会原谅塞裔军警，因为唯有爱才能化解仇恨。"原谅，似乎是人类目前面临冲突时，唯一的出路。

志工在日志里写道："看见一幢又一幢被破坏殆尽的屋舍、一个又一个被地雷炸断脚的人们、一遍又一遍的弹痕累累和血腥控诉、还有墙上涂写的怨恨和诅咒的图文……才真正明白，他'原谅'的是什么。"

塞尔维亚人撤离了这块土地，却剥夺了这块土地的完整，一百万颗地雷深锁着仇恨，大地失去承载、生养万物的意义。农田中有地雷，农舍中有诡雷，农具被烧、畜产被抢……塞尔维亚人要阿尔巴尼亚人回得了家乡，但回不了昔日的家园。

一位十三岁的小女孩，在自己家里触发诡雷，失去双足。

五十三岁的一家男主人，返家第三天在花园里踩到地雷，左腿截肢。

在偏远乡下，一百三十户人家躲进山区，逃过了塞尔维亚人的屠杀，但重回村里，就在不远的草墩边，三颗地雷仿佛怒目而视。

望眼欲穿的家，成了杀戮执行地。

“就算经过五十年，双方手牵手和解了，地雷还在杀人。”慈济志工计算过：“一个地雷成本三块美元，但清除一个地雷成本大概高达三百块美元。”显然，救人比杀人要难上一百倍。

当黎民百姓回到自己的家，开门，走路，耕种，每一个动作都在地雷的虎视眈眈里，人，如何活下去？但一位七十几岁的老人家操起了镰刀，毫不畏惧地说：“这是我的土地，我要耕种！”

知道农民缺少肥料，慈济志工买了两千两百七十五吨的肥料发放。但这片肥料将要施洒的田地，会不会有诡雷，志工不知道，志工知道的是，这块土地仍充满了活力，人们将在一百万颗地雷上挺起无畏的身影。

佛陀与阿拉的相遇——在土耳其

一九九九年八月十七日，土耳其发生里氏规模七点六的大地震，灾情迅速攀升，国际救难组织纷纷进入。八月十八日，证严上人决定伸出援手。包括谢景贵、陶凯伦、陈竹琪、李彦学等四人的慈济工作团，随着西班牙救难队，进入灾区。

生命探测器伸入瓦砾堆时，现场全部禁音，几条街外全部净空。

完全的静，在等待地底下一丝丝的动。等待奇迹，从耳机中传出。

救难队员先用锄头实实敲地三下，然后，耳机戴上，麦克风开到最大，凝神，静听，接收瓦砾堆下是否有人听到敲响，而喊一声，或者，动一下。

再敲，再听；再敲，再听；连续四轮。

时空凝止于那只耳朵。

久久，耳机拿下来了，缓缓，抬起一张沉痛的脸。没有，没有任何回音，没有任何生命气息。

失望的眼神从瓦砾堆前仰起，整个天空都落泪，仿佛那底下就是他的亲人。而这里是土耳其，他来自西班牙。

在生命的那一丝声息里，没有国籍。

大爱电视台陶凯伦的拍摄，随着生命探测的过程，他以镜头跟着寻找生还者的一丝声音、一抹呼吸。那实实的三击地，慢动作呈现着，那失望的眼神，是每一个人心中的特写。陶凯伦一面拍，一面不停落泪："他们的凝神专注让我感觉到，似乎在裂缝里有个细微的声音，让他们甘冒生命危险去抢救，即使不知道是不是还有生命活着……眼前六位搜救人员仿佛都成了菩萨，当时真想关了手上的摄影机，痛哭一场……"

由于慈济援建的简易屋与伊斯坦布尔的伊市同公司签约，预定兴建三百幢，谢景贵留驻监工。

一只羊的风云对决

有一天，他看到一只羊，眼光哀哀望人，咩咩鸣叫。

这只站着的羊，脖间系着细绳，无助的挣扎让绳子愈缠愈紧，终于羊跪下了。它要被用来祭祀。

知道了这只羊的命运，谢景贵暗叫不妙，土耳其的工地总工程师阿拉丁告诉他："这是我们开工的仪式。"

谢景贵无法妥协，他平静而坚定地告诉阿拉丁："这是慈济村，我们不杀羊！"

"这是土耳其，我们国家的规矩是这样！"阿拉丁也有他的坚持。

山坡顿时风起云涌，谢景贵破风挺进：“我们远从台湾来，带来的是大爱与感恩，我们关怀这片土地上的众生，不只是灾民，也包括了这只羊，请不要让慈济大爱村染上无辜羔羊的鲜血！”

“阿贵，你不了解，这是我们回教的传统习俗，要祈求真主阿拉保佑工地平安；我们不是杀羊，而是将羊送回真主那里。我们回教有一个祭祀的节日，在这一天每个人都要亲自杀鸡宰羊，但是不能自己享用，一定要分送穷人，这一点你是不会了解的。”

谢景贵心里天旋地转，“到这个地方来，我真的要让这只羊牺牲吗？我怎么跟上人交代。”他不知道该如何与一种根深柢固的民情抗辩，他只知道自己坚持要护住一条生命。最后，他只好搬出阿拉：“你到底信不信阿拉？”

“我当然信呀，阿拉是我一生的信仰。”阿拉丁毫不犹豫。

“我们无所求地付出就是超越了种族和宗教，真主阿拉当然会保佑你；你是在行善，帮助灾民，是在实践真主的教诲。做好事就算没有形式上的祭祀，真主还是会保佑的。你不觉得今天我远从台湾来到这里，请求你不要宰羊祭祀也是真主的安排吗？”恳切的语气，谢景贵斩钉截铁：“我们的工地不宰羊祭祀。”

气氛凝默，两个交情甚笃的异国兄弟，因为一只羊，风云诡谲就如侠客交锋。

最后，阿拉丁做了一个困难至极的决定，今天不把羔羊送回真主那里！

谢景贵衷心体会："不是我赢了，是我输了，因为他让我，他包容我。"

那天阿拉丁提早去清真寺礼拜，而且礼拜了很久，他在跟阿拉忏悔，他让出了羊，因为一个好朋友的坚持。"那个刹那，我的心充满了对他的感恩，在极短时间内骤下智慧的决断，需要相当大的勇气，那一次之后，我心里更加敬重这些兄弟。"

爱，就是通路——在阿富汗

一九九八年二月六日，正在阅览网际网路电子报的证严上人，关注到了二月四日因强震而缺衣断粮医药匮乏的阿富汗子民。

如何从台湾援助阿富汗？证严上人正在探寻通路。而远在美国的"洛杉矶骑士桥国际救援组织"（Knightsbridge International，简称 INC）虽有启程计划，针对阿富汗医疗匮乏区域进行援助，但经费尚无着落。

一方苦无通路，一方苦无经费，双方在相同的悲悯着眼处，经由美国国会议员罗拉拔克(Dana Rohrabacher)的居间衔接，结为合作伙伴。由慈济迅速采购药品，由骑士桥亲送于灾民手中。

二月十六日，骑士桥的救援小组包括爱德华博士(Dr. Edward A. Artis)、詹姆士医师(Dr. James Laws)、彼得医师(Dr. John Peters)以及文字记者、摄影记者共五人，衔命出发，飞向饱受震伤、冰封与战火蹂躏的高原国度。

一路上，在大雨滂沱中检视药品装上货舱；在物资被拦截或掠抢的风险中改搭双引擎军用小飞机，机身许多子弹贯穿的破洞只用胶布或口香糖堵住；在风雪围困十二小时后辗转飞往巴米扬山区；在无跑道无路径的峰顶上，怀着无法降落即背药品跳伞的准备……所幸，终能降落在居民连夜铲出的一条雪路上。

着陆于山间的皑皑白雪，爱德华仰天长跪，感恩慈济完成了他们的救灾愿望。高天广地一屈膝，他们终于握住了苦难人民的手，将药品点交给医院及卫生所。这一千三百七十六公斤的紧急药品，是阿富汗两年来最大一次单一药品成功运入的案例。

高原孤岛，岛孤人不孤，爱，就是通路。

和平战士的宝剑

药品发放任务完成，三月间，爱德华来台拜会证严上人，并且随师行脚全省。

这位出生入死救灾二十余年、能驾机、会跳伞、可为自己开刀、曾于卢旺达战火中成功营救四十三位修女、在一九九七及一九九八年获“诺贝尔和平奖”提名的英雄人物，看尽世界苦难后，在台湾看见慈济大爱的核心，他深深相契。在一次公开场合里，爱德华将一九九六年苏联封他为“骑士司令官”时象征最高荣誉的宝剑，长跪赠于证严上人：“从今起，上人是指挥官，我是战士——寻求和平的战士，愿听从上人指令办事。”

这把宝剑上，镌刻着阿富汗驻联合国大使穆罕默德将军对证严上人的谢词：“因为您的慈悲，救了阿富汗巴米扬省无数的灾民。”

二〇〇一年九一一恐怖攻击后，美国在十月八日轰炸阿富汗，一百五十万难民为躲避战火四方流窜。十月十四日，慈济与骑士桥在美国洛杉矶签订合作计划，对阿富汗难民进行人道援助。当晚,骑士桥四人小组启程。

耗费十天才得进入,透过"阿富汗救援组织"(Afghanistan Relief Organization)的协助,以及"北方联盟"(Northern Alliance)与"联合阵线"(United Front)的保护,终能在战火下完成艰巨任务,亲手将食品、衣物、药品,交到难民手中。

在胡记·马拉(Hoji Malla)难民营里,"住屋"用泥巴糊、树枝扎、纸张披覆、塑料布张挂;微量的小麦早就不够吃,人们在荒漠上捡食士兵留下的垃圾填肚子。慈济提供的小麦、糖、食用油、帐篷等物资,至少可让每户家庭安度两个月。

当爱德华把一袋五十公斤的小麦发放给一位老人,美国国家广播公司 NBC 的摄影记者随他一起回家。

一个小时后,记者回来了,他泪流满面。

老人的"家",根本就是个大鸟巢,树枝、草叶搭成一个圆窝,巢里住着老人、老太太以及一对女儿。

寄身荒漠,记者问他:"这袋小麦,对你们是不是很重要?"

老人带记者走到屋旁的一抔坟土,"上周,我还有三个女儿……"现在,孩子就躺在地下,她饿死了。

记者说到这里,爱德华落下眼泪。

曾经有人这样问爱德华："你们援助的物资那么少，对难民有什么帮助吗？"

"现在，我可以清楚回答，虽然只是一袋食物，却可以让老人不必失去女儿。"

在阿富汗，证严上人的念珠始终戴在爱德华腕上，当他伸出手、送上物资，他知道，证严上人的祝福已到了这里。

天灰濛濛，地黄澄澄，人孤伶伶

二〇〇二年在难民营里，当慈济志工走进一顶帐篷，里头坐着两个小男孩，圆睁的眼神闪动坚毅、防备与陌生。他们的母亲往生、父亲到外地打工，留下四个孩子，最大的五岁，就是这里的户长。

那么小的五岁，要带着更小的弟妹，无依的篷外篷内，冷冽的天亮天黑，日子要怎么过？未来要怎么走？谁给他们答案？黄思贤低下身："阿拉一定会赐福给你们，你们一定要勇敢！"

没走几步，看见一个妇人独自蹲在还没挖好的地洞口。长期营养不良又感染风寒，空洞的双眸无助而害羞，那是一个羸弱的身躯，飘零在黄土上。

黄思贤在日志里说:“望着灰濛濛的天、黄澄澄的地、孤伶伶的人,不像家的家,我在心中虔诚地祈求菩萨慈悲,为这些孤儿寡妇祝福。阿富汗,我为你哭泣,慈济为你哭泣。这可能是我十多年赈灾路,最难过的一次。”

发放当天,寒雪不断飘落,物资一到,团员们立刻摸黑发放。

五岁的户长来了,路上,他背着三岁的妹妹,爬上覆满霜雪的山坡。雪地湿滑,他爬上去又滑下来,滑下再爬上,“看到这个小孩,怎不令人心疼,”证严上人就着赈灾团带回的影像,告诉全球的慈济人,“前面在发放,吃的食物、穿的衣服、盖的毯子、小孩鞋子,都是他家里欠缺的物资。他努力往前走,一再往上爬,因为那里有希望。”

阿富汗需要的,就是希望。

陨落的双子星——美国九一一事件

二〇〇一年,新世纪第一年,纽约的天际线,有最惊爆的改变。

九月十一日上午八时四十六分,美国航空公司班机撞击世贸中心的北楼;九时零三分,联合航空公司班机撞进南楼。熊熊烈火，吞噬纽约人引以为傲的“双子星”摩天大楼，曼哈顿一片火海，烟尘漫天。九时三十五分，华府五角大厦亦遭受劫客机攻击而部分坍塌；几分钟后，另一架联合航机坠毁在宾州匹兹堡附近。

短短一小时，连连自杀式恐怖攻击，举世震惊。

距第一架飞机撞击大楼三十个小时后，慈济第一批勘灾人员，在救世军的协助下，通过层层关卡，直接将物资送进惊爆现场(Ground Zero)，提供消防人员及国民兵所需冰水，以解在焰气呛鼻中高温救人、挖掘之渴。

仿佛只在转瞬之间，两千八百二十三名精英陨逝，十二万五千人失业，摩天大楼所在，天已塌了下来，地表犹如破了个洞，美国金融的心脏，失去跳动，人们的心，极度受伤。

这是纽约的九月。

九月的花莲，证严上人在九一一事件之后，立即发出呼吁：“惊世的灾难，要有警世的觉悟！”曾经是全球最高的地标，如今沉埋多少生命。他告诉慈济人，哪里最平安呢？心中有爱最平安，而这需要全人类共同的力量。

美国慈济总会是一个亚裔的年轻慈善团体，在九十四号码头的赈灾组织中，为红十字会、救世军之外的第三大慈善机构，也是唯一的外国组织。在美国国会听证会上，家住宾州的受灾者露沙·史坦女士(Mrs. Russa Steiner)应邀出席时,与律师Mr. Rober Baldi提出报告,当她在申请救助金时,慈济关怀站在填表及简单询问后,立即开出补助金。慈济是她从来没听过的一个外国佛教慈善机构,善行令她非常感动。这项发言,使慈济被列入美国国会纪录。

展现佛陀慈悲的脚印

九一一事件代表新形态战争时代的来临,恐怖主义使得超级强国也受到前所未见的威胁,黄思贤感受极深:"我们每一个人真的必须警觉,不要再迷失于民族主义或宗教、肤色的分别。九一一事件对慈济的国际赈灾而言,其指标性意义是在美国本土伸出双手,帮助有需要的人。国际赈灾只是展现佛陀慈悲的一个脚印而已,上人在表面事相背后,还有一个非常深层的用意,那就是净化人心,人心清净,国土才会清净。上人给予慈济人非常广大的空间,期许大家的心要如虚空一样,关怀台湾这个小岛,但也不能自限其中。家的观念要扩大到全球,由小而大,由大而无量,这是慈济一直在推动的方向。"

二〇〇六年九月十一日,美国纽约灾难宗教援助服务中心(New York Disaster Interfaith Services，简称 NYDIS)邀请慈济出席“纽约九一一惊爆五周年追悼会”，并颁奖表扬慈济在九一一恐怖攻击事件中，卓越的支持、合作与协助。慈济纽约分会正式成为 NYDIS 会员之一，将可增加救灾资源、讯息与合作机会。

近年来，美国人祸天灾不断循环，二〇〇五年八月，卡崔娜飓风重创新奥尔良，十月再遭莉塔飓风侵袭，二〇〇六年加州森林大火，龙卷风也在各地出现，四大不调造成灾情不断。

在莉塔飓风赈灾发放中提供的“慈济现值卡”，为慈济首度与银行合作发行。卡面书有“台湾佛教慈济基金会”及“A gift of love form Tzu Chi(来自慈济爱的礼物)”等字样，为慈济首次在大型赈灾时使用，民众可凭卡与该家银行往来的任何商店购买生活物资。

证严上人认为，尽管美国国家富强，仍有许多灾民无家可归，亟需协助安顿生活、重建家园。“慈济人在普天之下，无论身处弱势或富强国家，都同样以真诚的爱为社会付出，肤慰苦难人，不只给予物资，还要安住他们的身心。看到慈济受国际肯定，慈济人更要勇于承担责任与使命。”

为“黑色心脏”换心——在印尼

二〇〇二年一月下旬，印尼中部持续豪雨，雅加达顿成泽国，为百年来最大水患。慈济印尼分会执行长刘素美带领慈济志工，或涉水或行舟，穿梭市区，多次发放、义诊、打扫清理。

三月间，印尼华商金光集团总裁黄奕聪、少东黄荣年父子与刘素美、高宝琴、贾文玉等人返回花莲，详述勘灾与救灾情形。

证严上人对赈济方案有全面性的观照，“当积水退去，留下大量垃圾，太阳一照，瘟疫必然发生；若没有计划性，只是一点一点慢慢做，那将无济于事。而根本性、彻底性的救济，这必须仰赖黄老先生的力量，可行的话，得动用印尼政府的支援。”他指示印尼慈济志工，配合军警、居民，在重灾区红溪河畔的卡布村，以抽水、清扫、消毒、义诊、建屋“五管齐下”的方式，投入重建工作。证严上人相信，水患救济若能及时、彻底，除了改善贫穷，同时也是一种教育，受助者因满怀感恩而提起爱心，有助日后印华间的友善相待。

红溪河成了一个指标。

它原本七十五米宽的河面、七米深的河床，垃圾堆高后河深只剩一米，可容一个孩子在上跑跳而不会下沉。居民洗衣、日用、倾倒、如厕，吃喝拉都靠它。

慈济志工踏入了红溪河。

这条污染最严重的河川，素有雅加达的“黑色心脏”之称。溯源三百年前，殖民雅加达的荷兰人离间印华关系，华人在此惨遭屠杀，据言，河里尸体堆叠竟至过河不需搭桥！血染水流，红溪河因而得名。

三百年前，华人在此遭遇磨难，三百年后，华人在此为河的前缘翻一个身。翻去沉淤历史中的红色或黑色，慈济人想要将清透的河水还给河。

已年高八十余的黄奕聪，卷起袖、弯下腰，顶着摄氏近四十度的烈阳，亲身清理。这位大家长扩散出来的影响力，打动当地人心，纷纷穿起志工背心，加入清河行动。清的是河，净的是心。

改变历史不仅在河上，更在河的两岸。拆除沿岸违章建筑，还道于河，才能根本解决淹水问题，证严上人以强大力道，在为“黑色心脏”换心。

二〇〇七年，印尼雅加达首都专区省长苏迪约索，为表彰慈济对红溪河及沿岸贫困民众的卓著贡献，将慈济认养整治成功的红溪河，约一千七百公尺部分河段，改名为“慈济红溪河段”，并于二〇〇八年举行立碑仪式。

从地涌生大爱村

黄奕聪、黄荣年和印尼安达集团董事长郭再源，积极为筹建大爱村发起募款，拥有美国、印尼两地《国际日报》的熊德龙数次前来参加爱心晚宴。郭再源对熊德龙说：“我们这一代如果不回馈，那么华人代代都要活在暴动的阴影下。如果我们今天开始做，那么十年、二十年后，下一代的印尼人就不会再对我们丢石头了。”一句话触动了熊德龙的心，自此对大爱村事必躬亲。

负责硬体建筑的郭再源依照证严上人的理念，将大爱村规划为社区总体发展模式，村里设有学校、义诊中心、活动中心、老人院、商店、工厂等，期望从民生、健康、教育等方面，永续照顾居民。

当地企业家合心协力，一年就将千户大爱屋兴建完成。二〇〇三年八月二十五日落成启用，时任印尼总统梅嘉瓦蒂(Megawati Sukarnoputri)莅临观礼，看到自己同胞能从肮脏恶臭、洪涝不断的红溪河畔，迁入整洁明亮的新社区安居乐业，对慈济非常感恩赞叹。

慈济人跨国在印尼发挥大爱，台湾的慈济本会没有给予任何物质援助，给的是无形无量的爱心种子与祝福。证严上人说：“这都是时代的见证，印尼慈济人在世纪初，已经完成这么大的事情，而且还继续在进行中。在当地不断施医、施钱、施米粮，带给很多人幸福，真的很令人开心。”

深深打动世界的良知——南亚海啸

二〇〇四年十二月二十六日，银色圣诞的隔天早晨，世界被灾难推醒。

推挤剧烈的地球板块，肇因于印尼亚齐外海里氏规模九的强震，随后，引爆巨大海啸。惊涛所及，印尼、斯里兰卡、印度、泰国、马尔代夫、马来西亚、缅甸、孟加拉等十二个国家，无一幸免。

十公尺高的巨浪，以时速八百公里在印度洋上腾搅，水如魔兽疯狂袭卷陆地，人群、车辆、树木应声翻滚在洪流中。拔腿狂奔的人们，即使互相握紧着手，逃命的脚力终究跑不过欺身而上的浪头，硬生生天人永隔。世界末日般的蹂躏之后，建筑物连根拔起，道路桥梁夷为平地，警消、医护及公共设施毁损惨重。三十万人伤亡或失踪，数百万人无家可归，这个被联合国秘书长安南(Kofi A. Annan)形容为“前所未有的全球灾难”，深深打动了世界的良知。

来自各国的捐输与援助行动，扶持着这广大的残破土地，慈济志工穿梭在举世连结的爱心网络中。由一群企业家志工组成的“慈济国际人道援助会”(Tzu Chi Humanitarian Aid Association，简称 TIHAA)，在此因缘，首次投入大型国际赈灾后勤工作。

“爱师父所爱、做师父想做”

慈济基金会发起“大爱进南亚，真情肤苦难”全球募心募款活动，以重灾区亚齐省首府班达亚齐，以及斯里兰卡南部的汉班托塔为援助重点。

慈济在印尼发展慈善工作已十多年，海啸一发生，雅加达与棉兰志工第一时间奔赴勘灾，满目所见尽是遗体、伤患、痛苦的脸庞、空洞的眼神，灾难扭曲了城市的容颜。

在亚齐机场，衣衫褴褛的大批灾民，苦候军机只为逃向棉兰。慈济志工不忍那无助的枯等，于是租用专机，优先送走伤患与老弱妇孺。在棉兰机场，惶惶然找寻亲人的步伐，到处奔动，慌急而疲惫不堪，志工因此在机场设立关怀站，协助跋涉而来的灾民投靠亲友，或前往收容所安顿。慈济印尼分会的在地特质，迅速动员人力与物资，以义诊、急难发放即时扶助，继而展开援建永久屋。

然而在斯里兰卡，当地没有慈济人，证严上人于灾后三十六小时做成决议，由医师、护士及志工等三十六人组成的赈灾医疗团，带着一千八百公斤的药品和物资，自台湾取道新加坡前往斯里兰卡。行前，证严上人向弟子们深深一鞠躬，感恩大家去“爱师父所爱、做师父想做”，在当地紧急义诊、粮食发放及搭建临时帐棚庇护，接着长期协助重建家园。

心灵共振聚福缘

哪里有缺口，就在哪里肤伤。为慌茫的心寻找依靠，为动荡的脚步寻找安定，被狂涛冲刷殆尽的“家”，成为梦，成为希望。

于是，慈济与印尼政府合作兴建三千七百户大爱屋，由政府供地，慈济设计、建造。这样的“造镇计划”，不只提供房屋硬体，更包括电力装置、卫生设施、供水系统、学校及清真寺，都纳入完整的社区建构。海啸届满周年，二〇〇五年十二月，已有第一批住民搬入全新的大爱村；之后两年，四个大爱村全部落成。

在斯里兰卡，慈济志工同样以三年时间持续关怀。汉班托塔政府在距离市中心十五分钟车程之地规划一处新市镇，邀请国际非政府组织（Non-governmental Organization，简称 NGO）援建三千户房屋，慈济认养其中六百四十九间。二〇〇六年四月，“慈济大爱村”出现在各国非政府组织援建的镇区中。二〇〇八年，国立慈济中学及社区中心落成启用，为新市镇的居民与孩子们，打造教育新希望。

曾经多达八个国家的慈济志工，在斯里兰卡以大爱付出、以长情陪伴，将满目疮痍的土地复建成一个整洁亮丽的新市镇，证严上人说：“看到重建成果，感到一切的辛苦都值得！真正是‘真空妙有’，令人法喜充满。”

从空中鸟瞰，大片蓊郁树林间，蓝瓦白墙的大爱屋栉比鳞次，迤逦在苍天之下，美丽而壮观。那是在海的吼啸之后，爱的蓝色凝珠，留在人世。

人性的钻石之光——在南非

一九九〇年代初期，南非暴动不断，种族纷争、政治对峙、失业严重、普遍贫穷，生活中的种种黑暗，威胁着这个黄金钻石闪闪发亮的国家。

白人执政，黑人在高压、歧视之下，极度仇恨白人与黄种人。

有天早上，证严上人接到身居英国而在南非开设成衣工厂的慈济荣董黄丁霖打来电话："师父，我想将南非的工厂结束。"他陈述了理由："南非不能住了，每天都有黑人出来抢劫、放火，社会乱成一片，人人惶恐度日。"

"过去几年，你在那里不是做得很好吗？"证严上人分析："黑人为何无法安定？人说饥寒起盗心，抢劫、放火都是因为太穷了。既然你先前选择南非，那么，既来之则安之。"

"师父，那我要怎么做？"

证严上人反问他："你有没有想过，你曾经回馈当地黑人吗？"

这一问，黄丁霖幡然有悟。证严上人进一步提醒："取于当地，用于当地，雇人家的劳工，就要疼惜人家的人民。如果能在当地付出爱心，你就能得到他们的尊敬。黑人中固然有变坏的人，也有未变坏的人啊，你就好好去做安抚的工作。"

"师父，我知道您的意思，我一定去做。"黄丁霖真的从英国赶赴南非，聚集当地台商，传达证严上人的想法。大家决定在南非成立慈济分会，集资投入，以人道精神回馈黑人。

一九九二年展开济贫和辅导之初，环境非常险恶。除了送物资到黑人区时遭遇质疑眼光，更惊骇的是，卡车载运在前，后面就有黑人持枪追杀。如此枪林弹雨的场景，并不少见。

人道精神不断付出数月之后，情势转变了。黑人开始对慈济人说："这样运送很危险，我们来保护你们。"从此，只要慈济标志一贴在车上，黑人就随行保护，一起去发放。

为了协助贫民学习一技之长，慈济人捐赠了二十部缝纫机、熨斗、布匹……慈济在祖鲁族部落成立第一个裁缝职业训练所，至二〇〇四年，已达五百余所，分布在南非各个城市。职训所成员自力更生后，就近帮助待援的同胞，德班有一位酋长太太说："自从慈济到我们这里设立职训所，现在这一区已经没有穷人了！"

证严上人认为，职训所是南非慈济人的特殊成就，平均每一职训所可同时训练二十五位妇女，一位妇女就是一个家庭，等于一万多个家庭受惠。安定生活之外，最重要的是启发爱心，他们已不是等待救济的人，而是可以付出的人，"这就是最彻底的救济，最彻底的教育。"

不论是推展慈善服务、教育、义诊、培植黑人志工，证严上人以“我不入地狱，谁入地狱”形容南非慈济人的度人精神。

南非人口有百分之十是艾滋病带原者，八个人当中就有五个人呈艾滋病毒阳性反应，为了教育孩子从小懂得如何防治艾滋病，约翰内斯堡慈济人承诺当地政府建立艾滋病关怀中心。

证严上人赞叹：“南非慈济人很难得！站在地狱门口，防止他们再入地狱。”

曾经有人如此形容南非：“它似天堂，却笼罩着地狱的阴影。”慈济人把南非的天堂本质发掘出来。

【卷二】

悲心

是逆转痛苦的幽径

慈，予乐；悲，拔苦。
证严上人诠释佛教中的“悲”，
是发自人伤我痛、人苦我悲的怜悯；
若能实际付出行动，无条件地拔苦，就是大悲。

在慈济，“悲”对应了“医疗志业”，
从一九七九年证严上人倡建医院之初，或者更早，
自一九七二年成立义诊所开始，
三十多年来，一个历程走出了两条路：
一是外显于“守护生命”的医疗道路；
一是内化于“身心灭苦”的修行心路。
悲，既是以行动、语言减缓人们苦难的“利他”，
也是明了己身如何面对苦、转化苦的“自拔”，
因为证严上人说：
“拔除他人的苦难，自己的心灵也将获得轻安。”

第六章 超越“时代的一摊血”

只有跨越，才能过关。
那瞭望天下路的眼光，
开始跨越血迹朝向未来，
当善行与智慧继续前行，
世人以爱记忆原住民曾经的血泪斑斑，
那么，这最初的主角啊，双目可瞑。

这是一段特别的日子。

自二〇〇三年八月二十二日，花莲地方法院对证严上人做出判赔，至九月十七日，证严上人对此判决发表放弃上诉声明，二十五天中，全球慈济人乃至全国民众，心灵都经历了一次向上超越的提升。证严上人面对艰难所展现的对应，已将一次事件转化成宗教智慧与祥和教育的一个社会典范。

证严上人放弃上诉声明

证严于一九六六年在某诊所探访病人，见到诊所内地上有一摊血，经人告知系一原住民难产妇女因无力缴纳八千元保证金抬离诊所时，所留下之血迹。证严当时对此一人间悲剧深感悲痛，遂萌成立慈善组织，为贫苦世人服务之志。

两年前（二〇〇一年），目睹前述悲剧并告知证严之李满妹女士，被某媒体询问而无意中说出老医师的姓氏。老医师子女予以反驳，指称该一摊血故事是属虚构，故对证严及李女士提出告诉。日前花莲地方法院做出判决，认定一摊血是事实，这一摊血是原住民妇女陈秋吟送至老医师的诊所而留下来，是个事实；李女士所述病患须缴八千元一事，也是事实；而陈秋吟因为八千元缴不起而被抬回去也是事实。惟法院认为该八千元是否为保证金，因性质不明，判决被告应付原告一百零一万元，以示对原告有所补偿。

证严对此事发表以下几点看法：

第一、老医师子女，为维护父亲而提出告诉，证严深能谅解。

第二、李满妹女士对媒体叙述此一事件，系针对人间悲剧而善尽对社会告知之责任，亦应嘉许。

第三、三十七年来，证严无论在著作或演讲中，转述一摊血故事时，从未提及哪一家诊所，也从未提及老医师之姓氏，自无妨害他人名誉之实，更无中伤他人之意，且在一摊血故事之后，老医师获颁“医疗奉献奖”，足证该故事纯系对事不对人，无损老医师名誉之事实，或有对老医师产生不名誉之联想。

第四、李女士在获知判决后，曾于八月二十四日召开记者会，坚称她在向证严转述此事时，就说是因八千元“保证金”而离去。对证严而言，该款项究竟是什么名目并不重要，重要的是：陈姓病患确因无法缴纳一笔款项而抬离诊所并导致死亡，这才是此一事件的核心问题，也是证严听闻这一悲剧后立志从事慈善工作，帮助世人的主要原因之一。

第五、在老医师子女提出告诉之前与之后，证严曾多次诚恳寻求和解之道，期能避免老医师及李女士受到的伤害，但老医师子女坚称该一摊血故事为子虚乌有，系证严虚构捏造，要求证严否定事实，改写历史，并登报道歉。证严认为：历史可以被谅解，但不能被曲解；事实可以受委屈，但不能被扭曲。四十年前原住民生活与医疗的困顿与无助，血泪斑斑，这是时代的悲剧，也是整个社会的悲哀，其责任虽不能由任何一个人或一群人承担，但历史是一面镜子，史实仍然清晰可鉴，只要不再让历史重演，只要原住民与弱势族群的无助与无奈，能受应有的重视与照顾，证严夫复何求？

第六、虽然涵盖社会各阶层的许多人士，均力劝证严提起上诉，但基于以上考虑，再加上证严平日一向呼吁世人要“慈悲喜舍”，教育弟子要“柔和忍辱”，要以出世的精神，做入世的工作，同时证严认为个人的小是小非事小，浪费社会的资源事大，何况社会需要祥和，人心需要平静，因此，证严决定不再上诉，以免对老医师子女造成压力，对善尽言责之李女士增加困扰。证严同时希望社会大众了解本案的实质意义，以免将此事降为医院收费名目之争，而模糊整个事实的真相与慈济人对关怀照顾贫穷病患之一贯心志。

第七、对于海内外无数关怀一摊血案情的人，证严在此特别表示谢意，由于诸位的关心，唤起我们的社会对三四十年前原住民与弱势族群无助与无奈的医疗血泪史，有较多的正视与反省；对挺身而出，力劝证严应该提起上诉的各界人士，证严也要特别表示歉意！诸位大德的隆情仗义，证严铭感于心。虽然证严不提上诉之决定，有负大家的厚意，但事实胜于雄辩，真相终将大白，祈请大家能够体谅证严的区区用心。

证严复愿利用此一机会，再度向社会大众表达万分的感谢！由于您的支持，慈济功德会才能建立起慈善、医疗、教育、文化四项志业，为社会做出更多的服务与贡献。三十七年来，坎坷难行的慈济道路，一路走来，饱尝辛酸，多少的困顿与挫折；多少的污蔑与攻讦，都在许多人的鼓励加油声中，煎熬忍辱度过。尽管证严对此次判决有诸多的不解，但将尊重法官的判决。

面临一百零一万的赔偿金，不由要向静思精舍常住弟子们，致上无限的歉意！三十七年前目睹一摊血，常住众虽仅有六人，但人人愿意与证严一起多做一双婴儿鞋，每日赚取二十四元，希望一年筹凑八千余元救助类似贫病者，之后三十七年如一日，一起呵护慈济志业，竟日劳劳碌碌，从年轻以竟两鬓已霜腰已折，无怨无悔无所求，如今又为一摊血，需每日多劳半小时，或做蜡烛，或以其它营生微薄之资，筹凑缴纳赔偿金一百零一万元，除了惭愧、道歉与感恩常住弟子们的发心，证严又有何言面对常住众？又有何能对常住众做任何回馈？

不管未来的道路有多么艰辛难走，也不论将来还有多少的风风雨雨等在前头，证严仍然会一本初衷，与全球慈济人，在济贫教富的菩萨道上仆仆前进，全力以赴，永不退转。

在时空中跨步

世事，有时正是以一种极高的道德层次，形成人们集体的启迪，让所有人凭借着共铸的智慧，跨步超越。

二〇〇三年的“一摊血”诉讼如此，考验的是人们的智慧判断与道德层次；一九六六年的“一摊血”场景亦然，证严上人那当下一问：“地上怎么会有一摊血？”浮显的是当年台湾整体社会的时空情境、种族阶级，以及一位二十余岁僧人会遇悲剧的襟怀与深思。

一九六〇年代，是一个普遍贫穷的年代。台湾还处于二次世界大战后接受美援①以重建社会的复原阶段，庶民生

---

① 美国经济援助台湾，自一九五〇年开始，至一九六五年停止，平均每年经援达一亿美元。

活尚在务农的艰苦中。

困顿人家“三顿配菜脯”，是寻常写照。民生物资的匮乏，人们必须在冬天萝卜收成后，晒软、渍盐做成菜脯装罐收藏，以为果腹佐餐。没钱买油买盐，但一家嗷嗷待哺，就先到“咁仔店”（闽南语，指早期的小型杂货店。——编者注）赊欠，有钱再清还。这种以一只只竹制的“咁仔”来摆置物品的杂货店，账簿里写着的就是乡里中的清贫纪录。那时的人们，常用“吊鼎”来形容生计困难。而安身的土角厝，还是放水浸泡田泥，加入稻草或稻壳拌搅，压成土块才一寸寸砌成房屋。即连孩子的衣裤，许多都是美援的面粉袋所裁成，“中美合作”的印记随着孩子跑跳，跳动着穷苦的光景。

在以汉人为中心的主流环境尚且如此，徘徊边缘的原住民，则无论于政治、经济、文化、社会各层面，就更显弱势无援了，医疗的落后是多么无助的悲情。

汉人文化忽略了原住民观点，是普遍隐然存在的现象。在那个时代，汉人与原住民正共同经历一个种族阶级尚未平等的阶段，整个社会正在走过那样的痛。“一摊血”是那痛里面的其中之一，它的真实意义，不在于某一位医师对某一位原住民，而在于整体贫穷对医疗落后、在于汉人观点对原住民困境。

那个痛，在那样的一个时间里、那样的一个空间里，被证严上人看到了。一摊血，摊开的不只是血的流淌，更是那流淌背后，整个社会的艰难。惊心的鲜红，触动了他内心连绵蓄积的生命力量。

力量的绽放

这个从战争记忆中走来的出家人，曾经以一个七八岁孩子的眼光目睹了二次世界大战的惨状。飞机，空袭，扫射，防空洞中土石崩落，防空洞外电线杆上挂着人的手脚与肚肠……人们在惊恐中对“观音妈”的祷求，年事渐长后经历养父往生的无常之痛，让这个年轻的心灵，渐渐视人生荣华如浮云。

正因为生命无常，过“有意义”的人生才是正面以对，那转动的思维开始腾升超乎俗世的视线。“为什么一个女人只为了一个家庭，提菜篮子就满足了？为什么范围这么小？我感觉应该要立志，对普天下的众生，我们都可以用妈妈心去爱，如果被一个家庭拘束了，又能爱多少人呢？”难道身为女人只要提得起菜篮、握得住一家经济，就是人生至福？“我不服气，我也可以做‘女丈夫’啊！”

年轻人向往这条路，很笃定要这么走："与其拿家庭的小菜篮，不如拿天下的大菜篮！"

当这"拿天下大菜篮"的胸襟，在养父佛事中听到一句"心包太虚，量周沙界"时，犹如星体碰撞激出火花。"我最喜欢这句话，我要追求的就是这样的境界——心量广大如虚空，爱心普及于所有国土的地方。因为这样，我决定不走独善其身的路，要走兼善天下的路！"

路，从家中出走，走到花莲，走到一摊血前。目睹医疗的无助、生命的无奈，那锥心的鲜红，是整个社会的鲜红。如何才能救人？怎么参与社会穿过大环境的痛？

只有跨越，才能过关。那瞭望天下路的眼光，开始跨越血迹朝向未来，超前深思一个足以改变的可能。

三位修女前来论道，为深思进一步升温。修女问，天主教救助人群有医院、有学校、有面粉、有衣物，但佛教徒呢？

"佛教谈的是'布施无我相'，不著名也不著利，社会上做善事的无名氏里，其实有不少佛教徒。"证严上人申明。

"那为何不把无名氏集合起来，做福利事业？"修女一语打动心深处，入世的动力加急。

而后女子拜师的当庭一跪，让证严上人立定志愿，集众大爱来救人，生命力量盛然绽放。

至此,慈济创始花莲行善救人,而老医师同样在这块土地上,照顾乡亲健康。

数十年后,老医师中风住进慈济医院,当他要从东部迁回西部老家时,还专程到静思精舍和证严上人见面,并且捐款。

证严上人说:"我很感谢老医师,因为他留学日本,却愿意留在东部小镇行医,照顾乡亲健康,这分精神让我很敬佩。这是我们两位老人之间的情谊。"

超越时代悲剧

慈济缘起,"一摊血"是连串因缘其中之一;而不论医师,或是原住民孕妇,也都不只代表一个个人。证严上人视观长远:"对我而言,'一摊血'是一个时代的悲剧、一个时代的陋习,不能仅由一个人来承担,所以三十几年来在慈济文献中,从不曾出现过老医师的姓名或诊所名称。"

一个保护了三十五年的名字,直到二○○一年四月,一个意外因缘的进入。

四月上旬,证严上人行脚到台北,七十多岁的老人家李满妹来到台北慈济分会,一见到证严上人,"师父,您还认得我吗？三十几年前，您在问地上怎么会有一摊血，回答您的就是我啦！”

四月十六日，慈济三十五周年庆“以善为宝”记者会上，李满妹正在现场，记者询及“一摊血”，问她平时都在哪里看病？她无意间说出老医师的姓。第二天媒体报导出来，老医师的儿女看到了，认为父亲的名誉受损，因此控告李满妹和证严上人。

自此兴讼两年，二○○三年二月高等法院宣判无罪确定，八月民事告诉转而判赔。九月十七日，证严上人对此判决，发表放弃上诉声明。

上不上诉的考量绝非单向思维，抉择之前的确让证严上人面临高度两难。他关切的是，无言接受令人不解的判决结果，会不会给社会带来错误示范？但倘若再据理力争而提出上诉，会不会带来人心更大的不安？

三位老人家的处境，证严上人更是萦回在怀。如果上诉，会不会连累白发苍苍的李满妹再度陷入漫长官司的身心折磨；原住民见证人陈文谦势必还要拖着七十多岁的身体，来回奔波于丰滨与法院之间；老医师行医一生，又何忍让他的名字于法庭上一再被检视。

社会论诤纷纷也非证严上人愿见，“我认为，人心需要平静，社会需要祥和，社会资源要用在造福大众身上，因此，我愿意接受判决结果，放弃上诉。”

面对不忍证严上人委屈的慈济人，及各界支持上诉的强大声音，证严上人在在长考的，不是个人胜败输赢，只是对种种隆情高谊，深感歉意。

放弃上诉，是让所有的胶着廓然松绑，前脚走，后脚放，“时代的一摊血”已由一个慈济世界、一座医学中心超越哀伤。证严上人悲智典范，形成一次深邃的教育，最初的悲剧，终结于广大的善行，正是司法观点之外更值得思索的历史意义。

历史可以被谅解，但不能被曲解

证严上人在发表的声明中，历述他长久以来的心境：

“三十七年来，证严无论在著作或演讲中，转述一摊血故事时，从未提及哪一家诊所，也从未提及老医师之姓氏，自无妨害他人名誉之实，更无中伤他人之意，且在一摊血故事之后，老医师获颁‘医疗奉献奖’，足证该故事纯系对事不对人，无损老医师名誉之事实，或有对老医师产生不名誉之联想。

"李(满妹)女士在获知判决后，曾于八月二十四日召开记者会，坚称她在向证严转述此事时，就说是因八千元'保证金'而离去。对证严而言，该款项究竟是什么名目并不重要，重要的是：陈姓病患(陈秋吟，原住民名字为'理性')确因无法缴纳一笔款项而抬离诊所并导致死亡，这才是此一事件的核心问题，也是证严听闻这一悲剧后立志从事慈善工作，帮助世人的主要原因之一。

"在老医师子女提出告诉之前与之后，证严曾多次诚恳寻求和解之道，期能避免老医师及李女士受到的伤害，但老医师子女坚称该一摊血故事为子虚乌有，系证严虚构捏造，要求证严否定事实，改写历史，并登报道歉。证严认为：历史可以被谅解，但不能被曲解；事实可以受委屈，但不能被扭曲。四十年前原住民生活与医疗的困顿与无助，血泪斑斑，这是时代的悲剧，也是整个社会的悲哀，其责任虽不能由任何一个人或一群人承担，但历史是一面镜子，史实仍然清晰可鉴，只要不再让历史重演，只要原住民与弱势族群的无助与无奈，能受应有的重视与照顾，证严夫复何求?"

于是，证严上人以个人著作版税及静思精舍常住众制作蜡烛出售所得，支付赔偿金一百零一万元给老医师家人。而老医师家人把这一百零一万元，回捐慈济作为助人善款。一往一返，善念相应，共同成就了一个超越对立的圆满循环。

超越对立

一个原住民之死，这最初的牺牲者给了人们一面鉴镜，唤起汉人社会对原住民族群无助与无奈的医疗血泪史，有较多的正视与反省。在事件的三十七年后，当时亲身抬送“理性”就医却目睹她溘逝眼前的原住民陈文谦这么说：“我们没有一定要怎么样的对不起，或者是如何的道歉，哪怕是轻轻地握手，给我们一个微笑，吃一颗槟榔，喝一杯酒，我们就知道其中的心意了。”①这是多么谦和、多么宽厚的声音，令人动容。

历史不能被遗忘，但可以用另一种方式去记忆。当“一摊血”的官司落幕，当善行与智慧继续前行，世人以爱记忆“理性”，记忆她的族人，记忆原住民曾经的血泪斑斑、在汉人社会中应被提升的关心，那么，这最初的主角啊，双目可瞑。

---

①　资料引自记者许允报导。

第七章

盘山过岭，幽径中找出口

在时空环境下的贫病里、孤绝里，
他想要走出一条逆转痛苦的幽径。
既然是“因病而贫”，那就从医疗下手。
由东向西，是一条翻山越岭的曲线。
证严上人也有一条翻山越岭的曲线，
却是由西向东。

方向，是人类重大的创造之一。

比如台湾。

明清的闽粤移民，创造了唐山过台湾的方向。

十五六世纪地理大发现后，于十七世纪占领台湾的荷兰人，创造了这个蕞尔小岛通向欧洲、南洋、日本、中国，而与世界文明接轨的方向。

而在岛内，中央山脉的一山之隔，西部唤作“山前”，东部人称“后山”，方向历来只有一个，从后山到山前。

由东向西，是一条翻山越岭的曲线。

证严上人也有一条翻山越岭的曲线，却是由西向东。

那是在一九六一年，他离家东来藏身鹿野，之后辗转花莲，他看到：“花莲的海天与山水，非常壮观美丽，但人口老化十分严重，年轻人都到西部就学与就业。当地不仅生活水准普遍清寒，并且医疗非常匮乏，尤其是住在山上的原住民，一旦染患病痛，真是无语问苍天！”

台湾的后花园，美丽但零落着苍老的容颜。

面对这种苦难，见之、思之、念之，证严上人心生不忍。他的脚步落下了，在时空环境下的贫病里、孤绝里，他想要走出一条逆转痛苦的幽径。

走入贫病幽径，探讨苦

当时年轻的证严上人认为，衣食住的物资施予，就能减轻贫寒人家的苦难。但奇怪的是，苦难却愈看愈多、愈救愈多，而且有许多三四十岁的壮年个案。

为什么会这样？证严上人用脚步找答案。“医师有研究室，我也有研究工作室。我的研究室普遍存在社会各个角落。”从一九七〇年开始，无论山上、海边、乡下，证严上人一年两次全省巡回，亲率慈济人访视每一家个案。“经过六年的个案累积与探究，我开始分析他们的家庭人口、生活背景、身体状况等等。除去孤老无依、孤儿寡妇，其余归纳原因，结论是‘贫因病起，病由贫生’。”

一幕幕景象暗沉在社会底层。荒僻的乡野、寂寥的村落、低矮破旧的房子里，茅草顶遮蔽着清贫如洗的一家人。男主人正病着，阵阵呻吟回荡空间，病榻前，妻子木然而无奈的目光，穿过一群孩子的嬉笑哭闹，是那么暗淡而空茫。家中的支柱垮了，一个家几乎也瘫了。“很多原本境况小康的家庭，因为成员发生意外或生病，长期的医疗负担拖垮整个家。而在贫病交迫下，孩子的教育已无法顾及。教育有问题，社会治安也就有问题。”

证严上人往下思索，这实在是个纠结的脉络，他想要往上排解。既然是“因病而贫”，那就从医疗下手。

一九七二年九月，慈济功德会于花莲市仁爱街廿八号设立义诊所。小儿科的张澄温医师、外科的黄博施医师、妇产科的朱隆阳医师，以及多位拥有医护专长的会员，每周固定两次为贫病者医疗，并供应药品。

走入孤岛幽径，贴近苦

义诊在地方上点起一盏灯，贫病者的暗淡，有了光亮。但渐渐的证严上人发现："光是义诊，只能治标不能治本。"

有时为了一个检查，就得千山万水远送台北；特别是重症患者，万一抢救不及，人命枉断在关山重阻中。

医疗上的孤岛，让证严上人兴起一个大胆的念头："慈济除了救济之外，必定要建设医院，慈善与医疗结合，从根本终结贫病相生的恶性循环，这才是彻底的救济。"

证严上人对救济有了更透一层的定义，慈济的历史，迈入第二个进程。

一九七九年五月间，印顺导师来到静思精舍小住，证严上人向师父谈起了筹建医院的心愿。导师忧心："你的身体那么差，怎么有能力做这件事？"

当时，证严上人的身体状况正处在最谷底，有时半夜心绞痛发作，痛至昏厥。"也就因为身体孱弱，我更着急，今日不做，不知明日是否还有机会做？"证严上人从最弱处发最大力，当月，他就在慈济委员联谊会上，发起筹建"佛教慈济医院"。

那历史的一刻，慈济基金会副总执行长林碧玉有传神的形容："那一天，当上人讲了那一句话时，空气刹那间凝固，大家全震惊地愣住了。其实，我们刚开始的时候，是没有人支持的，都是由这些娘子军承担……很多企业界人士或官员代表，都觉得这是不可能的。他们说，你们这些女人呀，怎么会成得了大事呢？那样两千块、五百块，要做到什么时候？可是上人一再强调，他愿意一步一脚印去做。早期的委员大部分是不识字的家庭主妇，为了筹募庞大的建院基金，她们凭着一股傻劲，用信心、诚心、还有一双脚，四处去推动、完成这项任务。"

走入水泉幽径，润泽苦

当时消息一出，两面反应。

有人怀疑，"一个出家人要盖医院，做得到吗？"

有人支持，"一个出家人愿意为社会、为地方欠缺的医疗资源而奉献，真不简单啊，大家应该一起来帮助。"

有人不解，有人担心，信仰天主教的台大教授陈灿晖，一向护持慈济，但对于筹建医院，他力劝证严上人："师父，您是慈济人的精神靠山，能号召大家汇聚力量去照顾贫穷的人，您一定要把身体顾好；至于盖医院虽然是很好的事，但是非常辛苦、复杂，您那么单纯、身体又那么弱，这不是您有办法做的事！”

“要让慈济的慧命长久下去，我一定要为它开源。”证严上人以“掘井人”为喻，告诉陈灿晖，慈济的慈善工作就如兴建水库，“我是工程师，所有慈济人就是叠砖、建造的人，会员则像点滴细水，不断灌注。有朝一日，万一灌注的水源断了，芸芸众生的苦难病痛谁来照顾？所以，我不如以这股力量向下挖口井，一直掘到见底、见水，可以‘出泉’。盖医院就是为此，万一我不在了，最起码还有一间医院在，大家那种疼爱的心，就会永远在，苦难的众生才能长期得救。所以我决定要做。”

“师父这么说，我了解，不过，您的身体会受不了。”陈灿晖忧虑。

“如果只说生命，和佛陀一样，八十岁好了，我也剩下三四十年而已。我宁可这三十年的寿命缩短为五年，用这五年来建设一间医院，那么，慧命就永远在世间了。”

陈灿晖叹服了，捐出了十五两黄金护持建院。

而今证严上人回顾：“那时在东部盖一座医院，实在没有经济价值；不过，慈济不以经济价值做评估，而是以生命价值为考量。从现在看当年，的确很自不量力，但很多事情都是在自不量力中成就起来的。”

一位自称有着“憨胆”的师父，背后紧跟一群有着“傻劲”的弟子，这样的组合，正在花莲的地平线与天际线之间，立起磐石，一座守护生命的磐石。

走入爱心幽径，面对苦

上无片瓦，下无寸土，证严上人劳苦奔波，以孱弱之躯走艰巨之路。

德慈师父回忆当年，他说：“师父在一九七九年决定要盖医院，那时他的身体很不好，有时一天心绞痛好几次，但是师父说不用紧张，咬紧牙根几秒就过去了。某天半夜心绞痛又发作，一时找不到药，就昏了过去，不晓得经过多久才醒过来……建院过程中，不管是土地取得、医疗人才网罗都是考验，每遇难关，师父都没有被打倒，他的目标一旦立出来，再困难也要把它做成功；为了让东部民众生命有保障，不论再怎么辛苦，也要把医院盖起来。”

林碧玉对于寻找医院用地的过程，记忆深刻：“建院最初没有人可以帮我们，我到地政事务所翻遍所有公有土地资料，然后在地图上画，画了之后请上人看哪里比较恰当，然后一一提出申请。可是几乎每天带着希望出门，再带着失望回家；但只要是任何有助于我们的，我都尽量去争取……只是上人很担心我一个女生和外面接触的种种安全问题，他的慈悲让我在面对失败后，又能重新面对希望。”

带着坚持不退的希望，慈济委员大街小巷劝募，风吹日晒，汇集成千上万的爱心，为一座医院的成形奋进不息。

一九八一年初，有位日本朋友听到佛教团体要在花莲盖医院，慨然拟捐两亿美金襄助。

两亿美金在当时相当于八十亿台币，多么动人的数字，委员们欢欣鼓舞。证严上人却对大家说：“先别高兴，日本朋友的好意，我们心领，但不能接受。既然能用自己的力量做到，就没理由接受馈赠。”

台湾有能力用自己口袋里掏出的钱，来凝铸一座医院。

至于土地，经过七处勘查，终于在一九八二年四月，透过时任省府“主席”林洋港的鼎力协助，择定花莲市中山路末端美仑溪畔之地，作为院址。

有了地，愿望踏实而具体，花莲地区的委员及会员们雀跃不已。男女老少纷纷来到，主妇们带来家中的菜刀、柴刀、锯子，壮丁开进推土机、挖土机、怪手，跟着扎起长衫、戴着斗笠的证严上人，义务协助整地。他们弯着腰，抚触着那块地，仿佛摸到了一座医院的诞生。天寒地冻里满脚泥泞，大家在所不惜，这是台湾民间无价的八十亿。

“我决定以盖医院让人人了解，做善事有很多方法，除了济贫以外，还有抢救生命。让大家更有机会汇聚爱心，这股力量才会更大。”证严上人深信，只要把井掘开，爱是活泉，将涌地而出汩汩不绝。

一九八三年二月五日，众人引颈盼望的慈济医院，终于动土了。

李登辉先生当时正在省“主席”任内，他到花莲为慈院主持破土典礼。其间，问起证严上人：“你建院的预算要多少钱？”

证严上人答道：“建筑师告诉我至少要六亿到八亿元。”

“那你现在有多少钱呢？”

“不瞒您说，我现在只有三千多万元。”

“三千万跟八亿元还差很多啊！”

“我知道，不过我有信心。”证严上人相信人心有丰沛的爱。

“我也对你有信心。”李先生相信证严上人可以开启人心之爱。

随后李先生向全场的委员们做了一个比喻："万里长城也是从一块砖开始的，八亿元和三千万元，距离虽很远，但有三千万元的开始，一定会有八亿元的来源。"

对于证严上人，动土，是心情复杂万端的日子。欢喜的是，医院的土地终于有着落；忧心的是，开工后每十五天要支付的薪资在哪里？他挺挺地站着，眼前的土地，那么平坦广漠；眼前的众人，那么热忱同心；地方对医疗的需求，那么迫切；而实现理想的路，那么重重困难。千斤沉重一肩担，他噙含泪水，咬紧牙关……

多年后，证严上人重看当年影像，"那时的我，咬紧牙关，含着眼泪。咬紧牙关是因为我很坚定要盖医院，那是一种决心，我必定要将医院建设起来；含着眼泪是因为建院过程真是困难重重，那是一分担心，忧虑着庞大的建院资金怎么办？"

有忧有虑，但坚持前行，那正是证严上人的信心。

牙关里咬的是决心，他抿紧一股毅力；含泪含的是困难，他眼中看见波折隐隐。从牙到眼的方寸之间，浓缩辛酸风雨多少年。

走入经典幽径，逆转苦

动土后，有天，一位军官突然来到静思精舍告知证严上人："这块地军方要用，暂缓施工！"

证严上人形容闻讯有如晴天霹雳："突然接到消息，我内心非常痛苦，身体实在支持不住。我一直觉得慈济的慧命到此断了，感到万念俱灰！土地从一九七九年开始，不知费了多少的心血与精神，直到一九八二年底，终于办妥一切手续，好不容易二月五日顺利破土了，也已完成钻探确定地质良好，正要发包动工。"但至此，一切戛然而止。

天地忽焉凝住，证严上人不吃、不睡、足不出户。几天后，证严上人逆转自我心境，诠释《法华经》中《化城喻品》的启示："佛陀在这一品中教导我们寻找宝藏。经文描写在一个辽阔的沙漠原野中，一群求财取宝的众生迷失了方向，处境险恶。正焦急时，有一位导师愿意带领他们到达安全的地方，那里，有着取之不尽的宝物。由于路途非常遥远，这群人已走得疲惫不堪。为了鼓舞大家，导师就在半路上化现一座城，让他们休息，并宣称宝藏处已经不远。然而众生一歇下来，就满足现状，不肯再走了。导师告诫他们，这座城只是一种幻境，不是目的地。于是他灭了化城，众生也才真正醒觉起行，终于到了宝藏处。”

从幻化的城到真正宝藏处，证严上人以此鼓舞慈济人：“我以化城作为比喻，慈济一开始以慈善工作来织一个梦，织一个爱；当逐渐完成，就是一站化城。慈善的门已经打开，但还要往前走，因为，还有一种苦难：病。要去结束人的病苦，就要盖医院。当医院盖好，它也只是一站化城，仍不能停，一停，大家会以为都完成了，就不会再精进。所以，我不能停。”

一九八四年四月二十四日，慈济医院二度动土，它的位置、面积、周边环境都较原处更佳，以医院建地而言，这是真正的宝处了。证严上人领着慈济人，拜经也行经，真实地走过《法华经》的示境。

这时，《药师经》的法音，也从花莲宣流到台北。为了让大家知道“花莲需要一家医院”，呼吁更多人参与建院，证严上人从一九八五年开始，每月固定三天前往台北宣讲《药师经》。

证严上人回忆，在李清波提供的慈济台北联络处里，“当时来听经的人很踊跃，整间讲堂都坐满了，连楼梯间也没有空位。我因此与许多人结下根深柢固的法缘，募集了建院基金，也结识很多医学界及建筑界人士，获得许多专业意见，因而成就了建院志业。”

随着证严上人讲经那由东向西的衲履足迹，引动了人流，委员不断产生，志工快速激增，会员遍布全省，医师、护理人员由西向东来了。历史的、地理的方向感，已静静在调转。

证严上人初到东部时曾经感叹：“听台东人说起台北或台中时，都说是‘山前’，而东部则是‘后山’。我感到很奇怪，太阳出来明明是先照到东部，应该以日照为准称东部是前山才对啊，怎么会是后山呢？”

花莲，它不是岛屿的边缘，是镶上金色辉芒的日光海岸；是面向整座太平洋的广大视窗；是慈济人生命的前山、心灵的原乡。

一个梦，成真了

慈济医院一建好，花莲几位资深委员相邀去“看医院”。老姊妹手牵手，一层一层爬着楼梯。

老委员静节说：“一层一层那么高，柱子那么大，想起师父，想起从前，一阵心酸，眼泪就要滚下来。师父画了一个梦给我们，现在，梦成真了。”

脚下所踏，眼前所见，是那么真实。静节坐在餐厅用饭，偌大的空间、济济一堂的慈济人，她想起过去在精舍，曾经为证严上人烹煮野菜为食；曾经看到证严上人刮下锅背的黑灰，泡水染衣做僧服。证严上人夜间课徒，静节也随堂读书，买了一本簿子认真抄写。有一次，证严上人告诉她："明天，师父要问你问题。"不知道会考问什么，心中无比忐忑紧张，让静节第二天整天吃不下饭。到了晚上，她没有进到课堂，躲在厨房。

"怎么没看到静节？"证严上人一问，精舍里的老菩萨去找人，"静节，师父在叫你。"

静节讲了一个很有趣的理由，"请你跟师父讲，我在喂猫。"

"猫不用你喂。"老菩萨告诉她："师父也不会骂你，你怕什么？"静节才硬着头皮进去了。

师徒相处，历历如昨，看现在，想过去，"两相对比，那是一种伟大。"静节银白的发丝泛出华光。

"我有几次急诊，都是让慈济医院救回来的。"静节回忆着说："躺在床上，就想到师父，师父当初说要盖医院救人，我以为就像义诊所那么大吧，没想到是这样大的规模，什么机器都有，什么科都有，好感恩师父。"

第八章

守护生命，悲悯的显影

慈济医疗团队不计数百万元的花费、
志工团队不计长程的爱的接力，
证严上人正以如此的代价，
告诉世人，生命无价。
医院的轨迹，
流动的是许多人悲悯的显影。

人创造了医院，人的生命轨迹参与在医院的生命轨迹里。

沿着时间的纵轴线，慈济医院自一九八六年启业，第一任院长杜诗绵从草创奠根基，至一九八八年成为准区域医院；第二任院长曾文宾一九八九年接棒，至一九九九年升等为准医学中心；同年由陈英和接力为第三任院长，二〇〇〇年荣获 ISO9002 品质认证，并在二〇〇二年评鉴通过成为医学中心；在这同时，林欣荣继任为第四任院长，以“台湾的梅约医院”为发展期许①。

医院的轨迹，流动的是许多人悲悯的显影。

炸弹与乌脚病

从第一张设计图，杜诗绵及曾文宾就开始投入医院筹建及营运管理。

杜诗绵是充满生命力的人，筹创之际，他参与了百余次的会议，并且努力为医院寻找良医。医院建筑中期，他罹患肝癌，尽管知道自己只剩三个月生命，仍然乐观地工作、生活，一如常人。

证严上人要聘他为首任院长时，他说：“难道师父不知道我体内藏着一颗‘定时炸弹’？”

证严上人回答：“我的心脏病也是一颗‘不定时炸弹’啊！”

就这样，一颗“定时炸弹”、一颗“不定时炸弹”，以生命

---

① 梅约医院(Mayo Clinic)，在美国一处没有诊所的地方开业，以人为本，以全方位的医疗专业照顾病患，终以医德和医术享誉国内外。不因地处偏远，不乏来自国内外人士，搭机前往求诊，只为“梅约是他们的希望”。

中的无量光热，共同开启了花东地区的医疗新页。杜诗绵的“定时炸弹”从预估的三个月，“延爆”了五年之久，在一九八九年故世。

曾文宾与慈济医院的结缘，是从“惊讶”开始。他第一次听到有出家人要盖医院，心中深觉这是多么辛苦的一件事。当从证严上人口中感知那一念不忍贫病的悲心，他深藏脑海中的贫病影像，也鲜明浮现，那是他年轻时的研究经验。

当时为了探索一种未知名的脚部病症，他到麻豆、布袋做田野调查。一九五〇年代的乡下人家，房里漆黑一灯如豆，他将病人从昏暗中背出来，坐到门口的天光下，一看，整只脚都黑了。分不清是脏污或是病变，他舀来一桶水，蹲下身为病人洗脚。洗净了，但脚上的乌黑洗不掉，他首次提出医学新名词“乌脚病”。

愿意背起病人、为病人洗脚的医师，让证严上人好震撼，他心想，将来医院盖成，要请这位大医王来领导。两个心灵中的社会底层景象，叠影交会，缘，就是一九八〇年结下。那时，“医院”还只是证严上人心中的一个“医愿”，还没有地，还没有人，还没有钱。曾文宾一路走来，亲睹了医院从无到有、从纸上到地上、从平面图到立体建筑的一切演变。

一九八九年，杜诗绵故世，曾文宾继任接掌慈济医院。

平易近人、做事认真的领导风格凝聚人心，慈济医院在他任上升格为准医学中心，成果并非偶然。他有过一段精彩的谈话："上人曾说，'来无一物，去也无一物'，善行是在最需要的时候去做，才有价值。我认为人的一生有机会参与'创造'，是一件难能可贵的事。"参与慈济医疗志业的策划、执行，堪称他生命中意义巍然的创造。二〇〇五年四月，曾文宾获得第十五届"医疗奉献奖"的特殊贡献奖项。

回到正确的角度看世界

在台大医院的中央走廊，陈英和与证严上人不期而遇。第一面的印象，陈英和清晰感受到证严上人的慈悲，以及焦虑。慈济医院已近完工，医师的延聘正迫在眉睫。

"那一次的见面，让我觉得应该来花莲。"当时在台大即将升为主治医师的陈英和，关键性的一刻如此思维："史怀哲的情怀，视病犹亲的理念，是医学养成中的教导，可以有机会去实现，可以被人需要，是一件很美好的事。"

一九八六年二月陈英和报到，是第一位志愿到慈济医院服务的专科医师。他舍却全台首屈一指的教学研究环境、享有盛名及高薪待遇的工作，这个抉择，为生命跑道转了一个漂亮的弯。

“那时候的花莲,医疗资源缺乏、地理环境孤立,是一个隔绝的空间。在如此的医疗生态与时空环境下,我得到最好的磨练。这里的患者有各种骨科病症,他们无法远赴外地就医时,我责无旁贷,难度再高、再惊险,我一定要用尽各种方法给他最好的医疗。开刀,当病人把身体交给我,是一个非常慎重的托付,我当然要用对等的慎重来面对。”生命的重托,陈英和一言以蔽之:“鞠躬尽瘁。”

如此与生命对视,让陈英和在专业领域里,成果斐然,许多弯曲的躯体,经由他的手,回到正确的角度看世界。他精湛的“经椎弓切骨术”,曾治愈脊椎侧弯达一百六十八度的病患,所矫正的僵直性脊椎炎,个案数之多与难度之高,列入金氏世界纪录。然而他对这样的纪录,有一个很悲悯的观点:“医疗终究不是一个竞争,生病毕竟是不得已,医学最好不要用世界纪录的角度来看待。”

而他对信仰的看待,在到院初期就已打破界限。那是一天早晨,陈英和对证严上人说:“师父,我是基督徒。”

证严上人答道:“你信仰什么宗教,并无影响,我只怕你信仰得不够透彻。”

陈英和有些不解,证严上人进一步说明:“基督教强调的博爱，与佛教主张的慈悲大爱，都是在疼爱人类，虽然宗教不同，教义方向却是一致。若你信得彻底，我一样很欢喜。”

一九九九年，这位基督教徒担任了这座佛教医院的第三任院长，他设定的目标是，让慈济医院从准医学中心成为一个医学中心。这项任务，在二〇〇二年达成。

以病人为中心

二〇〇二年，慈济医院成为医学中心，回首一九八六年启业，十七载岁月，太平洋畔的医疗明珠，已竖立里程碑。

同年，林欣荣接掌这座东台湾唯一的医学中心。

林欣荣从一上任，他的眼光是未来式、脚步是现在进行式，以现在追赶未来，他说：“慈院的标竿典型是美国的梅约医学中心（Mayo Medical Center）。这座创立于十九世纪末的全球最大医疗体系，‘一切以病人需要为先’，此其百年魅力所在。虽然位于中西部明尼苏达州一个仅有二十万人口的罗彻斯特镇（Rochester），但是，每天都有很多人不远千里而来。”

慈济同样地处偏远，同样位于一个二三十万人口的小城，如何在偏远之地发展出一个国际医疗重镇，正是考验智慧的地方。身负国际化的带领任务，林欣荣分析梅约蜚声世界的两大特点:“一是团队,一是效率。创办人威廉·沃尔·梅约(William Worrall Mayo)医师首创‘医师集体诊疗制度’,一次满足病人所有需要,跨科联合会诊、检查多元并进、手术细腻安全,效率就在团队。”

从罗彻斯特看花莲,人文、科学环境各有不同,无法复制,但林欣荣期待的是,“梅约‘以病人为中心’的精神能在东台湾开花结果。”

二〇〇五年,急重症大楼“合心楼”启用。而为了培育医学知识及临床能力兼备的良医,二〇〇八年二月,“标准化病人中心”在证严上人的祝福中举行揭牌仪式。慈济医学中心首创由志工演绎标准化病人的制度,以其志工的专业性,确实可以做到“当医师的老师”,提供医学生完整的训练。

标准化病人最早在一九六〇年,由美国南加州大学神经科医师豪尔·贝罗斯(Howard Barrows)所发展,逐渐受到各国重视。完整的标准化病人考试方式,可以看出医学生在询问病史、身体检查、整合、评估、诊断还有与病人互动的能力,让医学生在毕业投入真实临床工作之前,“以病为师”,对将来行医有很大的正面帮助。

田中央的大病院

二〇〇〇年八月十三日，大林慈济医院落成启用，慈济医疗志业的新里程，由台湾东部发展到同样是医疗资源短缺的云嘉地区。

位处砖屋篱舍水田边、竹林错落遥相映的大林慈院，散发着浓厚的草根情味。每天开出交通车，巡回偏远的乡镇村里，载送农渔村中的老人家、妇女或是不识字、少出门的患者，前来就医。大家“逗阵”（闽南语，这里单指“结伴”之意。——编者注）从村子里上车，一路搭到医院门口，马上就会有志工迎上前来，不再视“上医院”为畏途。

进到大厅，志工亲切引领，协助拿单子、写资料，然后再带到挂号柜台交由志工陪同挂号。等候看诊时也不寂寞，志工端来茶水，微笑招呼，在偌大的医院空间里，充满了温馨。看诊完，返家的交通车，会以患者时间适当调整。

院内数百名志工，都是云嘉地区的在地民众，他们受训完成后，穿梭于院内就如“流动服务台”。

先进的医疗设施，温馨的医病人情，泯除城乡差距的人文关怀，回归草根，这是一座从地底甜上来的医院。

院区占地近二十甲，其中的八分地是务农的邹清山所捐，当时这片土地上全种着甘蔗。动工兴建之前，证严上人对邹清山说："医院要盖了，你要时常来走走看看。"于是，他和志工轮流到工地煮茶水。启业后，每天天未亮，邹清山夫妻俩就开着小货车出门，直驱医院的煮茶工寮，多年如一日。

这一座从田中央长出来的大医院，也一直以环保回馈大地的滋养，从二〇〇六年到二〇〇八年，连续三年获得"企业环保奖"。

当年带领大林医疗团队的院长林俊龙，是心脏内科权威，在美国有二十五年医疗经验。结束在洛杉矶北岭医学中心院长的职务，回到台湾，他希望为台湾的医界尽一分心力，为自己的同胞服务。自掌大林慈院，每天清早六点多，他高大的身影就开始穿梭在急诊室、加护病房及一般病房间，询问病患情形、关怀医护人员工作需要。

林俊龙优秀的领导风格，被"行政院""劳委会"喻为"以人为本的医疗传奇"的缔造者。二〇〇八年十月，由于慈济医疗志业普遍化、国际化的脚步快速迈开，跨院区的发展规划、横向沟通与统筹协调工作亟需整合与发展，林俊龙荣升医疗志业执行长，持续推动"人本医疗，尊重生命"的愿景、"视病犹亲"的人文关怀。

病毒与慧命，洗脚与洗心

现任大林慈济医院的院长简守信在医疗专业之外，更具丰富的人文情怀，在医理与佛理之间，常有颖悟会通。他曾在志工早会中谈及，有些病毒极小，连显微镜都无法发现，当其侵入人体细胞，隐藏在细胞核中，便开始破坏人体正常组织；而人的"习性"就如病毒，平常亦是无影无踪，但当其侵入人心后便会表达在外。

证严上人听到他这番话，赞道："身为医师能将病理与佛理结合，真是令人欣慰！不好的习气的确就像心灵的病毒，人在无形中被侵入后，将严重夭折慧命！所以，为人应谨防长养不好的习气，否则积习难改，将蒙蔽清净的智慧。"

二〇〇三年初，大林慈院神经内科主任曹汶龙，参与安徽赈灾回来后，谈到了当地的老人。在摄氏零下六度的天气里，老人家脱下破袜，将冻硬的脚伸进热水里，让志工为他们活络筋骨……

"当你蹲下去为他们洗脚时，心里想什么呢？"证严上人问他。

曹汶龙说，在为老人家洗脚时，只当他们是菩萨，也像是自己的父母般，是用“浴佛”的心进行。回来台湾后，很自然地帮父亲洗脚，乃至于在为患者诊治时，也成为一种爱心经验。

当年因为对慈济的肯定，希望能“帮上人的忙”，曹汶龙来到大林慈院。他体会到医院是训练菩萨的道场，“每天早上参加志工早会，心情就像是洗了一次澡，不知不觉静下心来，看事情比较清明。”清明之眼，看见众生世相，看见志工用心，看见病人痛苦，“这才让我领悟到，我不是在帮上人忙，而是‘帮自己忙’。”

硬件医疗网

慈济医疗志业发祥于花莲，医疗网延伸至玉里、关山，以及台北、台中。

玉里、关山两院，前后于一九九九年三月、二〇〇〇年三月启用。这两座小镇医院，成为居民的好邻居，狭长的东部沿线，自此有绵长的医疗照护。

二〇〇五年，台北慈济医院启业。这座以医学中心规格打造的大型人文医院，除提供优良基础医学及高科技临床医疗服务外，还全面发展微创手术，减轻病患痛苦；此外，更结合慈济社区志工网络，支援基层医疗院所，落实社区卫生教育；同时，针对身心障碍儿童提供诊断、治疗、复健、亲子教育等全程医疗。

台中慈济医院于二〇〇七年启业，推动预防医学，着重在疾病的预防及疾病的早期发现。并成立神经医学中心，延续花莲总院神经团队的卓越水准，以积极优良的医术来照顾饱受神经病变痛苦的病人。

其中附设的“护理之家”，提供因病或自然老化而失去自我照顾能力者，透过专业护理人员长期照护服务，提供较佳的生活品质。台湾社会有高龄化与慢性病增加趋势，老人白天托护服务除适应社会变迁需求，同时兼重家庭功能，让消减或失去自我照顾能力者，仍能享有天伦之乐。

软件服务链

穿梭在各院区中、身着深黄色背心的医疗志工，证严上人形容为“软件中的软件”：“十多年前，花莲慈济医院刚启业时，很多人不解，医院里为何会多了一群与医疗无关的志工？如今，看到志工与医护、病患互动的亲切感，多好啊！”

每一位医疗志工在实地服务前，须先接受一年的教育训练，讲师由医师、护士、社工员担任。训练课程包括医疗新资讯、护理常识、心理学、志工精神、沟通对谈技巧，以及实例演练。

颜惠美为慈济医疗志工团队的创建人之一，她与慈济结缘，是一九八二年参访静思精舍时，看到证严上人心绞痛发作，深深被那分为众忘躯的精神所感，当下皈依。一九八六年花莲慈济医院成立，她领着一批批志工，串成一座医师与病人间的桥梁。她的身影不只穿走在医院，也长期带领志工外出访视，比如，受刑人关怀、荣民①关怀、拜访原住民村落、与天主教互动等。

颜惠美是一个善说故事的高手，有一回在志工早会，她分享了一则少年的故事。

十七岁少年因为弟弟需做骨髓移植，而办了休学，在医院陪伴，并告诉医师："只要能救弟弟，我的骨髓就捐给他。"

这位哥哥整天戴着帽子，因为他也得了奇怪的病，头发一撮撮掉落。但他不觉得自己是病人，当把骨髓捐给弟弟之后，头发竟然长出来，原本满脸青春痘的疤痕，全好了。

骨髓移植后，弟弟病情一度稳定，后来又起变化。有一天哥哥来找颜惠美，问是否能圆满弟弟一个心愿——到动

① 荣民：台湾对服役多年的退伍军人的称呼。——编者注

物园玩。结果，医师、护士、社工人员、志工，大家热热闹闹陪伴同去，就像一家人。动物园之旅三个月后，弟弟病情加重，但他说："甘愿了。"哥哥捐骨髓给他，医疗团队满他心愿，慈青哥哥姊姊带来欢乐，他最后在没有痛苦、遗憾下，离开了人间。

他们的爸爸已经七十岁，开来一辆厢型车，在车内铺上一条棉被，把孩子的遗体抬进去。志工站在坡道上念佛，为他们做最后的祝福。老爸爸很感动，年迈的身躯缓缓走下车，脱下帽子，向志工们深深一鞠躬："一切，感恩你们。"

看"人"而不光是看"病"

证严上人对医疗的期望，是看"人"而不光是看病，因此将医疗专业人员结合后勤志工跨出医院的组织，名之为"人医会"。

人医会的前身远溯自一九七二年，证严上人在花莲仁爱街成立的义诊所，医师、护士每周两次服务。一九九六年，夏威夷慈济联络处成立，由于会员多是医师，倡议将各地医护志工加以组织，于是在十月间，成立"慈济医事联盟"；一九九八年一月十八日正式更名为"慈济人医会"，至今已迈入第十一年。

定期定点赴偏僻山区或乡下服务；照顾的对象还包括老人院的长者，看守所的受刑人、游民和外籍劳工等。有些贫困病患不便外出参加义诊，医护人员即“往诊”前去居家医疗。

证严上人同时提出都市往诊的可能性，这个想法起于一支录像带。

那是一支人医会到山区义诊的录像带，因为病人无法前来，当白天义诊结束后，纪邦杰医师等人拿着手电筒就在山区爬上爬下，寻找一间位在树林中的屋子，要为里面的老人家看诊。

人医会立足台湾之后，随着慈济海外会务的发展，各国也纷纷成立人医会，执行外科包含手术在内的全科性义诊服务。并于美国南加州、夏威夷、纽约、马来西亚成立义诊中心，或是洗肾义诊中心等固定免费医疗院所。

近年更密切配合国际赈灾，医疗层面更广、效率更大。

大爱、感恩是她们的名

莉亚和瑞秋，一对连体女婴，出生在菲律宾穷困的家庭。因缘的牵引，这对姊妹得遇菲律宾慈济志工。志工将个案呈报花莲本会，慈济医学中心医师亲自前往评估后，决定接回台湾进行分割手术。二〇〇三年四月中旬，妈妈带着姊妹俩在志工陪伴下，飘洋过海来台。

为了进行这一场分割手术，慈济医学中心结合一般外科、小儿内外科、麻醉科、整形外科、影像诊疗部、护理部以及人文关怀组，将近六十人的医疗团队，经过缜密的各项检查，六月二十八日，为她们进行了分割手术。

小儿科外科主任彭海祁划下分割的第一刀，两人的命运在这一刻开始改变。唯一相连的器官在肝脏，透过超音波切肝器震碎细胞的方式，出血不到十毫升，是一次漂亮的肝脏分割。

六个小时的手术，当划开最后皮组织的刹那，透过现场转播连线观看的每一个人，立刻欢呼起来！

证严上人形容："那一刹那，我们的心，瞬间开朗了。是一间暗室突然打开了门窗、阳光照进的那种开心。"

三天后的七月一日，就是小姊妹的周岁生日，这是她们最美的生日礼物。

经过术后复原阶段，有一天，小姊妹在妈妈及医护人员的陪伴下，参访了慈济小学。

才抵达，慈济小学校长的杨月凤①已率领全校小朋友在大门口迎接，除了盛大的欢迎会，并致赠两姊妹荣誉校友。杨月凤表示，慈小刚成立的慈幼社，小姊妹是第一个关怀的对象。当她们返回菲律宾后，小朋友会省下零用钱，作为两人日后的学费。

让孩子深入生命的教育，证严上人认为这正是一个最好的机缘，“我们把慈小带进医院里，有校长、老师、院长、副院长陪伴，在空中花园咖啡厅与小姊妹互动，这是一幕非常美的画面。”

两个孩子，成为一大群孩子最可爱的一课。

两个孩子，也成为许许多多大人们深体“众生平等”的一课。不论她们是来自多么遥远的国家、多么偏僻的原住民村落、多么贫困的家庭，慈济医疗团队不计数百万元的花费、志工团队不计长程的爱的接力，证严上人正以如此的代价，告诉世人，生命无价。

连体而来，分立而返，莉亚和瑞秋有了另一个名字，“大爱”与“感恩”*。

---

① 杨月凤校长二〇〇五年从慈小退休，现任慈济小学名誉校长。

* 2007年，证严上人听闻这一对小姊妹将进入菲律宾当地华语文学校上课之因缘，为两人取华文姓名：“慈爱”与“慈恩”，以“慈”为姓，希望这两个慈济家庭的孩子，能够懂事、乖巧，期待她们从小树成为顶天立地的大树。——编者注

第九章

骨髓捐赠，生命相融

有形的是骨髓，无形的是佛法的精髓。
无形的因缘种子配对上了，
也是一种基因相符。
科学家的目光走进骨髓深处，
走得愈深，愈是拆解了人的隔阂，
发现生命与生命之间的相融互助。

二〇〇三年，证严上人师在"慈济骨髓捐赠中心"十周年之际，这样忆述缘起："温文玲因罹患白血病（俗称血癌）回台寻求骨髓配对。她的挺身呼吁，除了促成'立法院'通过开放三亲等或配偶捐赠的限制，也唤起国内学者专家关怀骨髓捐赠相关事宜。几经研商，最后各方意见属意由慈济基金会设立骨髓捐赠资料中心，以嘉惠海内外特别是华裔族群患者。"

然而，骨髓资料库的成立谈何容易！当时为温文玲治疗的台大医院教授陈耀昌告诉证严上人，要在台湾呼吁捐髓是一件非常困难的工作，不但配对符合的几率大约只万分之一，经费也是一大负担；更重要的是，如何澄清国人认为捐赠骨髓是抽取“龙骨水”的误解。

陈耀昌提出的问题，确实是一道道难关，但证严上人认为：“攸关人命的大事，只要有一丝希望，我们都愿意努力去做；只要捐髓的同时，并不损害捐赠者的健康，就算再大的困难我们都要突破。”

基因符码的秘密

得到蜚声国际、有“血清学之父”盛誉的李政道博士鼎力协助，“慈济骨髓捐赠中心”于一九九三年十月成立。

根据医学原理，“白血病”是骨髓里的干细胞无止境分化出不健康的白血球细胞，贪婪地吃掉所有养分，强霸地占取器官空间，一步步崩解身体组织与功能。如果传统的化学疗法不能力抗癌细胞的攻城掠地，唯一的应战之策就是全面肃清，歼灭所有已经癌化的白血球，重新移植骨髓干细胞，以这股生命之泉为本源，重生健康白血球。

而生命之泉，必须向另一个生命求援。那是一组基因符码在寻找另一组基因符码的完全配对。要让新进的白血球和原本的组织器官不发生排斥，必须要有相同的白血球抗原(HLA)密码。这组密码在兄弟姊妹之间，相符的可能性是四分之一，非亲属间的相符机会则降为十万分之一乃至百万分之一。

如何在茫茫人海中与那唯一相符的密码相遇，遥遥的呼唤，全赖“骨髓资料库”所布建的网络，寻找回应。

《无量义经》有云：“世尊往昔无量劫，勤苦修习众德行，为我人天龙神王，普及一切诸众生；能舍一切诸难舍，财宝妻子及国城，于法内外无所吝，头目髓脑悉施人。”《大般涅槃经》则云：“若闻能以国城妻子、头目髓脑惠施于人，得阿耨多罗三藐三菩提者，即于无量阿僧祇劫，以其所有国城妻子、头目髓脑惠施于人，是名菩萨难施能施。”

证严上人引述佛经所载，告诉大家：“凡是要成为佛弟子、要行菩萨道，就要具备‘头目髓脑悉施人’的大爱，才是真正行菩萨道。但是，佛世时医疗科学尚不发达，就算有心想把身上的器官捐给需要的人，尚无法如愿。如今，医学科技可以帮助我们完成捐赠器官的心愿，捐赠骨髓更是‘救人一命，无损己身’的悲心义举。”

百年来，医学科技的尖端进展，科学家的目光走进骨髓深处、细胞深处、基因符码深处，一层一层探密。走得愈深，愈是拆解了人的隔阂，发现生命与生命之间的相融相助。

庄严的生命水舞

解开基因符码之密，就是打开了生命的界线。

美国新泽西州十八个月大的男孩凯尔，体内白血病所窜升的乌云，笼罩了这家人原本的快乐温馨。凯尔的父母努力地在浓雾重锁中寻求一线微光，最后，一线生机在台湾慈济骨髓库中浮现，与一位年轻东方女孩的 HLA 配对成功。

虽然一个是黄皮肤，一个是拉丁美洲和美国白人的混血，但他们却拥有完全一致的白血球抗原，生命的奥妙如此昭示着人们无国界、无种族、无肤色、无宗教之别的教诲。当东方女孩的骨髓液滴注在凯尔身上，几乎凋萎的小小生命复苏有望了，经过半年的移植治疗，凯尔在西雅图的弗莱德·霍金森(Fred Hutchinson)医学中心，获得新生。

血球里的秘密，让东方姊姊的血液，在同一秒钟、在相隔半个地球之遥，也流动在西方弟弟身上。那是一支水舞，生命泉水的深邃之舞。

因为劝髓，慈济志工在证严上人号召下，从一九九三年跨出宣导第一步。置身大街小巷、学校、市场、闹区，倡导“慈悲入骨，髓缘布施”。曾经被冷漠以待、斥骂无聊、不实毁谤、误解为难，他们仍然随缘把握任一个扭转观念的髓缘，打开封闭的台湾捐髓风气。一旦配对上了，有时也还苦苦等候、枯坐整晚、费尽唇舌才取得捐赠同意。挫折压力无怨无悔，劝开一个观念，就是为岌岌可危的生命打开一线生机。

因为捐髓，有人在成功救回一个六岁小生命后，当孩子叫他一声“爸爸”，父子相拥入怀，那是语言的呼唤，更是骨血的应声。这个结婚多年膝下犹虚的爸爸，满心沸腾：“孩子身上流着我的血，我终于有后代了！”

因为抽髓，慈济医院的医疗小组对捐髓者与受髓者的生命韧性，有第一线的体会。医师就站在生命与生命之间那扇微妙之门上，感受到双方在遥远陌生的距离里，有最近契的骨血之亲。

因为送髓，慈济志工曾经在机场里跪地哭求机位，因为病人已经进行歼灭疗法准备移植，时间不容误差，否则受髓者只有死路一条。已经在跑道上滑行的飞机因而调头转回停机坪，乘客让位，志工顺利登机。送髓志工也曾经九霄惊魂，从台北飞香港却因台风无法落地而折回。火速换乘下一航班，再度迎向风雨，降落时倏然失速又猛然拉升，在全机的惊声尖叫中终于冲出暴风雨，安全落地，骨髓顺利送达医院。无数惊险紧张，次次完成任务。

生命的七千倍

资深媒体人何日生到慈济志业体任职之初，证严上人让他以一个记者专业、客观的角度，采访记录全球的骨髓移植发展脉络。

何日生以四个月的时间，穿越于中国大陆、日本、美国、英国、德国之间，拜访了世界重要的骨髓中心总裁、院长、医师，并且对两位诺贝尔奖得主爱德华·托马斯(Edward Thomas)及李·哈维尔(Lee Hartwell)，进行了访谈。

爱德华·托马斯是骨髓移植的发明人，他在一九五五年即以狗进行实验，一九六五年为一对双胞胎移植成功。在骨髓移植发明以前，白血病患都是死路一条，骨髓移植成为新疗法后，也有近半比例因为排斥问题而没有成功。何日生问他："还是有这么高的死亡率，你会不会感到挫折？"他说："从来不会挫折。因为，问题还在，我要永远追寻下去。"这样的医学情怀，何日生感动不已。

在采访过程中，“我看到世界各地骨髓资料库的缘起，多是因为自己的儿女罹患白血病，找不到配对死亡后，由悲伤转化的力量推动开来，所建立的助人机制。”

何日生谈到英国的若南（Nolan）女士，一九七三年她远在澳洲，儿子安东尼罹患了白血病。当传统的化学及放射治疗失败后，得知英国已经拥有成功的非亲属骨髓移植，她带着安东尼回到英国，寻求可能的机会，来抢救面临生命尽头的三岁儿子。她的号召与毅力，感动许多英国人验血，希望能帮安东尼找到 HLA 完全相符的人，进行骨髓移植。

然而，经过两年的等待与奔走，遍寻不着，在英国社会沉痛的悼念中，安东尼往生了。失去儿子的沉重打击，让若南喟叹，为什么拥有五千万人口的英国，却无法挽救安东尼的生命呢？伤痛之余，她发起英国骨髓库的成立。这世界上第一个骨髓库，到现在为止，已经挽救了英国七千个以上的白血病患的生命。

信己无私、信人有爱是一种新文明

这一次的跨国采访，让何日生体会到，疲倦中的快乐，忙中的静定。每一天黎明即起，直到夜间十二点才休息，日复一日。为什么这么忙，却可以这么平静，他思索着自己的心，“因为，生命完全地燃烧。上人说动中静、动中定，什么叫静定？如果不懂，做慈济就懂了。假使做一件事情，可以让生命的本能有最好的发挥，因为燃烧完全，所以不会产生黑烟，没有压力的累积，也就用不着情绪管理。我们过去经常是一个燃烧不完全的个体，但在投入慈济之后，愈是不为自己，愈能够完全燃烧，愈烧愈富足。这不只是一个理论，更是一种行为模式，我认为这就是慈济的核心，信己无私，信人有爱，它代表人类的一个新方向，一种新的文明和价值观，这个社会不必透过对立，就能达成和谐。人类本就不是对立，如果一味追求自我满足，以牙还牙、以眼还眼，地球人类很快就会成为历史。”

每一天五点早起，每一天拍摄清晨，德国的清晨、纽约的清晨、明尼苏达的清晨、西雅图的清晨、英国的清晨、日本的清晨、中国的清晨。

何日生把对清晨的感知，会通了生命的因缘循环：“夏日的清晨，一阵清凉的水汽，覆盖着天空，让大地像被水晶包裹着一样，剔透晶莹。天空还有一抹淡淡的云彩，像落尽的光华还有一丝的眷恋。但是，当云不再眷恋它的美丽，就会化作雨水滋润大地，让万物生长、繁花艳丽，生命的因缘相续就是如此。一个人的消融转化，造就更多宝贵的生命，美国的巴伯·葛雷夫(Bob Greeve)和英国的若南女士，都是在丧失他们亲爱的孩子以后，将这分爱转为更大的力量，成立骨髓库救助其他人的子女。当云朵落下，并不是失去，而是生命的能量光华，更有力的汇聚。”

佛法精髓的移植

证严上人以骨髓移植教示慈济人："有形的是骨髓，无形的是佛法的精髓，你我累生累世结的缘，这分因缘就是业种，就是基因。所以很多人没有见过师父，但只听到证严上人、慈济世界，就生起欢喜心而投入，这就是你我多生结的因缘，把你们带进慈济。这是佛法的基因，我们累生累世所结的缘。在世间，有形的骨髓相赠，让另一个生命延续下去；无形的是因缘种子。师父给你们的是因缘种子，也是法的种子。我常听到人说，'只听到师父，我就想哭'，这不就配对到了吗？这一种基因相符，真的是配对到了。骨髓捐赠是真诚的奉献，我也是真诚地付出佛法的基因，但会不会被排斥，就看接受法的人是否排斥。没有排斥，就会跟着师父生生世世。”

【卷三】

舍心

从无求的大道连动生命新境

“慈悲喜舍”是佛教的基本理念，称为“四无量心”，
在人类情感上，为通往真爱的四个途径。
佛陀曾对他的侍者阿难尊者说：
“将这四无量心教给年轻比丘，
他们将会感到安全、坚强和喜悦，身心无苦恼。”
这是因为此四途径产生了转化的力量。

在慈济，“舍”对应了“教育志业”，
证严上人认为，教育是百年树人的工作，
为人师者，能舍出时间与智慧，
对学生毫无保留地倾囊相授，
不起分别，不存私心，即是大舍。
大舍无求，在不断放下、不断能舍的过程中，
也不断淘洗掉内在渣滓，连动生命的新境。
因此，在成长他人慧命的同时，
也成长了自己永恒的慧命。

第十章

从感恩、尊重、爱的港湾启航

教育中的珍贵熏习，
慈济人既用生活作陶冶，
也用往生作课本。
他们曾经是企业家，曾经是教授，
曾经是妈妈，而此刻，他们是老师。
大体上的每一刀，都是老师的“切身”教导。

最好的环境，是人

对慈济的教育志业而言，慈济大学医学系在二〇〇三年一举拿下医师“专门人员检核考试”及“医师执照考试”双榜首①，二〇〇五年慈大护理系考照率达百分之百，二〇〇

① 台湾的医学生考取医师执照的管道有二。一是“专门人员检（转下页）

八年医学系和护理系亦双双创下及格率百分之百的佳绩。如此灿亮的丰收，证严上人认为："教育的环境非常重要，而最好的环境是人。感恩慈济人用完整的人文，用长时间陪伴我们的孩子。"曾任慈济大学校长的方菊雄提及："上人的办学理念，以精致取向，学生虽少，但投入的心力甚大。"这是以人的关怀、付出、熏陶所涵化出来的环境，将境养境，养学生的生命之境，让他们从感恩、尊重、爱的港湾启航。

开办于一九九四年的慈济大学，被公认为管理严格的大学，方菊雄诠释"管理"更确切的说法是"关怀"："除了良好的教学设备，对于学生，我们采用三轨辅导制度。全班有一位班导师，每八到十位学生有一位组导师、一位慈诚爸爸、两位懿德妈妈。班组导师给予课业上的辅导；慈诚懿德①在于生活照顾，让出外学子享有家庭温暖；此外，学生辅导中心的专业咨商，则为学生的生涯规划、情绪问题、感情困扰解惑。"

（接上页）核考试"，分别在大四时考基础医学，毕业时考临床医学。二为"医学院专技医师执照考试"，只提供给毕业生。二〇〇三年慈济大学医学系三十二位参加"专门人员检核考试"的医学生，全数通过，录取率达百分之百。"医学院专技医师执照考试"的全台及格率平均是七十点五三，慈济大学是八十五点一九，也是全台医学院榜首。

① 慈诚懿德会：见本书第十一章，第 171 页。

三轨的环绕式关怀，形成了以人作教的最好环境，整体辅导系统不论传道、授业、解惑，都在爱的拥抱中。

方菊雄在作为校长的同时也兼任导师，直接与学生互动，他经常亲自处理学生的种种问题，“我相信有许多学生，在他生命的重要时刻，能有老师陪着他、好好辅导他，为他做一个扭转，也许就影响了这孩子的一生。”

一生从事教育，“我觉得这是一条精彩的路。”方菊雄回首大学时期的自己：“我从大二就选择了这一条路，我知道，这一生不会富有，然而，教育过程中的感动，却是永恒珍贵。”

不能在病人身上划错一刀

教育中的珍贵熏习，慈济人既用生活作陶冶，也用往生作课本。李鹤振是其中一课。

当他知道自己罹患癌症，有一天，他来到静思精舍。证严上人以为他纯是探望省师，却听到李鹤振一派平静地说：“师父，我是回来慈济医院住心莲病房。”脸带笑意，仿佛事不关己：“医生说我只剩下三个月，我自己能回来，就不要麻烦别人。”

他自己回来，自己决定生命的“走”法，捐出大体让学生解剖研习。他不想浪费这个身躯，即使结束，也要用得淋漓尽致。生命的烛尽之前，燃最后的一抹光亮。

他曾经对家人说："我生了现代的文明病，若能将人生最后剩余的价值，捐赠出来给医学院的孩子们做研究，也许将来可以救更多的人。"

有一天，医院的常住志工安排医学生跟这位未来的"大体老师"面对面谈话，感知这位日后将在解剖台上见面的老师，他说话的温度、微笑的亮度、生命的高度。李鹤振对学生说："你们可以在我身上划错几十刀，不希望你们在病人身上划错一刀。"大体上的每一刀，都是老师的"切身"教导。

证严上人赞叹他是"生命的勇者"："视生死如此安然自在，将生命价值方向看得很准确，这就是智慧。"

化无用为大用

许多人疑虑捐赠大体或移植器官，往生者的神识会不会痛苦、会不会起瞋恨？对此，证严上人有明确的开示：

"近代有一些佛学论著，形容死后神识脱离躯体像生龟脱壳、活牛脱皮般痛苦，所以人刚往生时不能移动他，以免增加亡者的苦恼。其实，这样的解释只分析到第六识。

“在佛教来讲，人还有第七识和第八识。第六识是分辨与想象，第七识是思考与决定，第八识是业识种子的仓库。以中国造字分析：外在的‘相’，如杯子、白纸等‘相’，映在‘心’中叫做‘想’，亦即第六识。而‘心’上一亩‘田’，心灵的耕耘叫做‘思’，亦即第七识。我们接触日常生活的外境，产生第六识的分辨与想象，然后第七识思考与决定。

“有了心的耕耘，即第七识的思考与决定，接着就会付诸行动。俗语说：‘好人总是做好事，坏人总是做坏事’。其实，是因为平时心灵的耕耘，而形成习惯性的动作模式。这就是经过思考和习性熏染之后而造作出来的。有了行为造作，必定形成种子，在医学上叫做基因，佛教称为‘业种’——业力的种子，也叫做‘因’。这个种子，这个因，简称为业识或第八识。

“人往生之后，身体便开始坏散，但业识仍徘徊在身体周围尚未远离。所以在此时助念并说些安抚的话，以维护临终者的安宁。此时要捐赠大体或器官，如果是自己很欢喜要捐，这是他的愿，愿力会提升意识超越，他的心识不会瞋怨烦恼，反而会有达成愿望的欢喜。

“学佛，就是要培养我们的愿心、愿力。有愿的心，就有愿的力，这一定是欢喜功德，不必担心往生时被移动而起瞋恼心。

“我们佛教徒应该懂得惜福，哪怕死了以后，身体也可以物尽其用。人生只是一段缘，‘缘’要怎么处理？‘爱’要怎么处理？有的人舍不得情缘，其实最后还是得舍。舍后该怎么运用？实在值得思考。记住，如果我以后往生，我也要捐赠哦！当然，也可以做器官捐赠。若谁需要我的器官就让给他，有此因缘也是一件好事。”

让结束成为一种延续，证严上人的呼吁，已形塑国人将往生身躯“化无用为大用”的生命观点。慈济大学的第一例大体捐赠，于一九九五年二月三日由彰化林蕙敏主动捐出。这样的舍身菩萨，全校敬称为大体老师、无语良师。

每个老师都在笑

台湾自施行医学教育以来，人体解剖课程大多使用无名尸，慈济医学院打破这个惯例，大体来源皆有名有姓。“死者为大，落土为安”的文化观念，向上提升转化，很快获得无私回响。许多捐赠者在“生前”就已看过“亡后”，先参观往生后解剖学的相关软硬体设施，并认识人体解剖课程的所有程序。然后很放心地知道，在人生的最后一站，可以这样有价值地下车。

教学大体来源充裕，慈济医学生成为台湾首度达成四人共用一具教学大体的最佳比率。

一九九六年九月，慈济医学系首次启用大体，追思祝福仪式之后，医学生们开始领受大体老师的无语之教。

面对着敞亮空间中静躺的老师，学生们立着。这个身体已经关掉吸呼，关掉知觉，关掉行动，关掉言语，用一种最沉默的方式，敞开自己。这个老师，无言地打开自己身体的奥秘，让学生读书。

生理的门虽然关上，但知识的门已经打开，无私的胸怀已经打开。

历届以来，每个医学生都有着与大体老师之间的心灵纪录，洪宗兴这样写着——

记得上“大体解剖学”的第一堂课，教授就跟我们说：“每具解剖台上的教学遗体，就好像你们的老师，希望你们要好好学习。”上课以来，我就一直秉持着一个习惯，进解剖室时，一定向我们那组的大体老师说："老师，今天拜托您了！"每次下课回去前，也总是会向他说："老师，今天真是谢谢您了！"

阮绍裘抒发的是一种贴近的心情——

第一次这么靠近一位往生者。他曾经活着，会笑、会动、会说话，他也许是个严谨保守而遭受病痛的人。而现在，他这么宁静安详地躺在这里，我势必得掀开那头布的，对吧？会不会很可怕？会不会让人吃不下饭、睡不着觉？这一切的疑问、焦虑、不安，都在我掀开布的那一刻解答了。哦，那一张安详微笑的脸，我感觉他是位朋友、亲切的老师，他用微笑对我说："来吧！勇敢地利用这个躯体，作最好的教材。"我很感动，内心充满感激与喜悦，而且当下发了誓，一定要好好、仔细地研究学习这个教材。我相信他一定在远处看着，所以我更是谨慎、细心。真的，那张脸是世间最美的脸，多么慈祥啊！

对于大体的生命连结，蔡镇吉从家属的角度体会——

也有家属来探望他们死去的亲人，这使我觉得，原来我们所面对的不再只是一个教具。教具是死的，是不具任何情感，但是教学遗体不同，他来自一个家庭、一个有生命的结构体。他原来是里面的一个成员，现在却真实地在我们眼前，但是他和他原有生命结构体之间的联系，并未因死亡而断绝。

“死”不是“生”的对立面，而是生的一部分，这个生死哲思，学生在大体老师身上感受到了，洪松壬体会深邃——

每当在做解剖实验时，总在疲倦之余，偶尔抬头，远望窗外。但见中央山脉静静地躺着，远山近霭，层层叠叠，构画出一幅宁静的美。所谓天地无形，四时运行，告诉我们无数的道理，想想我们的大体老师又何尝不是如此呢？在生与死、动与静之间，死亡虽是生命所不能抗拒的力量，而大体老师却让我更了解在死亡背后蕴藏生命的意义①。

---

① 资料参考自张荣攀《人体解剖课程对医学生的影响——以慈济医学院 1996、1997 级医学生为例》。

有一个医学系学生在心得分享时，谈到自己的思索，要如何去回报、体会大体老师的精神？唯有将来自己也躺上解剖台。他请妈妈帮他签了志愿捐赠同意书，让他在往生后，也成为大体老师。

相信他们一定有大喜

一学期的课程完成，老师真的要走了，学生们为他打点行装。

亲手缝合大体、包裹白布、穿着长衫、盖上往生被、入殓。追思仪式在静思精舍师父的引领下，诵经悠扬，庄严肃穆。每一个学生都献上最后一封信，对老师说说学习心得，再奉上一束花，或者，唱一首老师最爱的歌。然后，用那双曾经遨游在老师体内三度空间中的手，那双将来要挽救生命、守护健康的手，为老师抬棺。再一次感受老师的重量，在学校师生的送灵行列中，送老师到火化场。最后，骨灰置入王侠军设计的琉璃瓶中，晶莹地安奉于大舍堂①。追思仪

① 大舍堂，是慈济医学院解剖学科的硬件设计之一，位于慈济医学院后幢大楼二楼，其用途系作为安奉遗体捐赠者骨灰的地方。堂内供奉有地藏王菩萨，二十四小时有佛号声声不断，捐赠者家属及社会大众可随时入内凭吊追思。

式上，证严上人亲手颁赠“感恩纪念牌”给家属们，一切圆满，生命善美循环。

二〇〇一年三月十一日，慈济大学举行该年度的“大体老师感恩追思仪式”。十六位大体老师里包括了多位慈济人，慈济早期的拓荒者林徽堂也在其中。

林徽堂以其刚正不阿的铁汉性格，为慈诚护法金刚奠定肃然纪律，壮年往生后，留予慈济人无限缅怀与敬重。

情如兄弟的周政雄回忆，林徽堂律己甚严，慈诚队备受严苛期许，“从他身上可以真切感受到‘上人如何说，弟子就如何做’的风范，当我们认为做不到时，他会说：‘我做给你看！’这样躬身践履的精神，影响非常深远，许多曾被他严厉骂过的人，现在都是慈诚重要干部。”

铁汉有柔情，林徽堂的“换帖兄弟”黄思贤想及自己每从地球的任一角落回到台湾，不论多晚来到林徽堂家中，他都已经备好床铺及点心等着。黄思贤说：“人谓‘一日为师，终生为父’，林师兄真正将上人视如父亲一般，十分恭敬孝顺。师兄病重时，仍心心念念记挂着大家的道心是否坚定？慈诚队歌就是他作的词，足见他永远心系慈济。我为他抬棺时，他的分量真是重啊！不是体重而是精神，在慈济世界中，他真正是‘重量级’的弟子！”

证严上人追思往昔无数贴心弟子，百感交集："每一位大体老师在人生的最终，自愿将身体捐出，让医学生在他们身上划刀，这样的大舍，是因为心中有大慈、大悲，相信他们此时一定也有大喜。他们不是在课堂上用口头解说教科书，而是把整个身体毫无保留地奉献出来，用无声的说法引导医学生解开人体奥秘。"

最后一刀与第一刀

无声说法更上一层，二〇〇二年，慈济大学首创"大体模拟手术教学"。

每一位医师都有生嫩的第一刀，每一位病人都不希望自己是第一刀的对象，那么这第一刀，大体老师志愿承担了。

医学生陈美淇在仪式中分享她的心情："在大体老师身上划下第一刀时是歪的，持缝针的手是抖的，不管之前书本写得再清楚，都抵不过教授的现场指导，因此'临床模拟手术课程'是我进入临床前最重要的一课。"

二〇〇三年九月十五日，全台首座专为医学生而设的"模拟实境手术实验室"启用，提供慈济大学医学系七年级学生进行四天"急冻大体模拟实境手术教学"。这项强调

“医学生的最后一刀、医生的第一刀”的教学，证严上人谈到开课宗旨：“我推动大体捐赠，不只是希望让学生有足够的大体老师可以学习，更期待建立最优质的医学教学。因为不希望年轻的准医师在病人身上划错刀，因此在他们接触病人之前，就让他们在很真实的人体上，进行模拟手术，以累积更充分的经验。”

证严上人透视教育的全面意义：“完整的教育必须具足爱、感恩与尊重，我们要尊重大体老师，一如他活着一般；也要教育年轻的医师，能抱着尊重生命之心，在医术上更上层楼，在爱心上更加具足。”

尽形寿，献身命

“我进去现场看，每一位老师的身体像活的一样，因为回温，所以有弹性。教授用心在教，学生认真在学。现场有管控室，可以让每一张床都有同步的教学动作。这就是我说的感恩、尊重与教育，感恩大体老师的付出，他们的确值得尊重，让我们能够进行最完全的教育。这不仅是全台唯一，也是全世界唯一的医学教育。”证严上人在模拟实境手术实验室中巡看，八位大体老师中，有三位是资深慈济志工：陈秀凤、陈灿晖、李宗吉。

陈秀凤在医院筹建之初，不仅捐款护持，更担任慈济委员，数年间一步一脚印持续劝募；医院启用后，她承担医院志工、访视、懿德妈妈、人医会义诊等工作，全心投入慈济志业。

陈灿晖在慈济建院前，曾因担忧证严上人的健康，力劝放弃沉重的建院工作。后受证严上人坚定意志感动，率先捐出十五两黄金，成为慈院第一笔建院基金。

而第一位支持证严上人的企业家李宗吉，慈济人称“李爷爷”，布施金钱、投入志工行列、担任慈济建筑委员、出国赈灾，即使后来拄着拐杖，仍然坚持身体力行。虽然年纪较长，但恭敬证严上人如母亲。

医学生们在这三位长者身上模拟实境，那是手术的模拟，大爱的实境。陈秀凤已经回温的双脚，有着菩萨道上无可计量的足迹；陈灿晖捐出的十五两黄金，成为慈济医院的硬件，他捐出的身躯，成为慈济大学的教学软件，化作知识技术传输给医学生；一生与海息息相关的李宗吉，此时以身作筏，充满弹性的身躯，出航于慈悲之洋。

他们曾经是企业家，曾经是教授，曾经是妈妈，而此刻，在证严上人见到他们的最后一面，他们是老师。证严上人感念三人生前尽心尽力为慈济付出，生病时仍念念不忘慈济事，往生后还捐赠大体贡献医学教育，“真是我的贴心弟子啊！他们的一生，点点滴滴都是踏实付出的印记，不会因肉体的消失而抹灭。在我的生命里程碑中，永远有他们陪伴同行的大德大恩。”

二〇〇五年，由慈济大学与花莲慈济医学中心合作推出的“大体模拟实境手术教学”，首度以资深住院医师及主治医师为对象，由住院医师施行手术，主治医师担任助手，让医师有更多探索人体的机会，强化医术。二〇〇八年的“模拟手术教学”，更有来自印尼大学、上海交通大学、澳洲昆士兰大学的医师、医学生以及研究学者来台观摩，进行各项基础与进阶模拟手术。

第十一章

天使来时路

从西部而来的白衣天使难留，
那就从当地诞生。
数百趟的跑、拉、勾、放、送，
让一间间空室成为教室，
坐进了孩子，打开了书。
创校之路如此走来，
情境的本身就是教育。

慈济的教育志业以护专为开端，来自证严上人看到的“匮乏”——慈济医院启业护理人才的匮乏，花东地区少女就业机会的匮乏。

从西部而来的白衣天使难留，那就从当地诞生，证严上人如此思考：“我要盖一所护士学校，让东部女孩子受护理教育，为花莲留下护理人才。”

以医疗为轴心作为教育的起步，证严上人对办学，有多层次的期许，不只在于传授专业知识，更重视爱心启发及生活教育，“女孩子在人生舞台上扮演着多功能的角色，如何善尽人妻、人媳、人母，于己、于家、于社会，将造成相当大的影响力。”

情境的本身就是教育

一九八九年的花莲，还有着荒僻之感，近山而远市尘的慈济护专，校区一切筚路蓝缕，每遇风雨日子，天地茫茫水幕间，山脉绵亘，楼宇孤挺，现任慈济大学秘书室主任洪素贞形容当年：“真有‘一片孤城万仞山’的感觉，辛苦中满怀理想、一股傻劲，为的就是要培育出有爱心的护理人员。”

那时，全校教职员事事亲力亲为，教导孩子洗涤、内务，叮咛添衣、带伞；有人感冒发烧，悉心照顾全天候不打烊。教室、楼梯、走廊、洗手间要打扫；四楼图书馆的书要上架；女老师穿着旗袍搬铁柜；男教官身绑绳索拉桌椅上楼。

怎么拉呢？这是众人的变通创意，在顶楼定置竹竿，杆上设滑轮，绳索从上垂下铁钩勾住椅角，扶正，大喊一声“拉！”教官跑动，牵引绳索拉着桌椅冉冉上升，升至三楼，两位老师俐落勾进走廊，另两位老师合力卸下、送入教室排整。数百张桌椅，数百趟的跑、拉、勾、放、送，让一间间空室成为教室，坐进了孩子，打开了书。

“女人当男人用，男人当超人用。”桌椅是这样在安置，书籍是这样在上架，校园是这样在洒扫，挽起袖、弯下腰的身体力行，完全承袭早期静思精舍的刻苦精神。创校之路如此走来，情境的本身就是教育。

不放弃任何一个人

严谨、规律，观念冲激，反弹声起，护专第一届二专生黄馨娇，就是慈济教育历史阶段中的抗争代表。

年轻气盛的黄馨娇时常埋怨校规太多、要求学分数太高、没有个人自由，一九九〇年，她发动学运，带领校内一百零七位学生签名，向学校抗议。

证严上人一接到电话，听到孩子们要见他，立即从精舍出门，匆急之间，就在阶梯上扭伤了脚。忍着痛，证严上人赶赴现场和学生代表黄馨娇会谈。面对着年轻孩子的傲慢，他慈祥询问，但也坚持规矩。学生的抗争没有达到预期，黄馨娇虽继续学业，但从此冷漠以对。每当懿德妈妈托同学带来小点心，纵有悸动，却倔强不肯敞开心房。

直到毕业典礼那天，慈济人办喜事，祝福这教育之树上的第一批果实。黄馨娇置身会场，温馨的叮咛环抱而来，她深觉自己何德何能，曾经那么叛逆，曾经那么冷漠，但从来没有被放弃，她突然感到好惭愧！

黄馨娇决心改变自己，进入慈济医院服务四年后，以慈院公费远赴澳洲进修。启程之前，在九周年院庆大会上，这位护理长，立在台上公开向证严上人忏悔在校时期的懵懂，并恳切发愿："努力将国外新知带回来，为慈院护理水准国际化尽一分心！"

一九九九年三月十五日，慈济医院玉里分院启业，黄馨娇调任玉里分院管理室主任，与院长王志鸿带领全体同仁励精图治。员工士气高昂、院内气氛和谐，黄馨娇定下了工作目标：第一年以营造温馨的就医环境为宗旨，让病患到医院有宾至如归的感觉；第二年朝向小区扎根，做好在地医疗。

九年前带动学潮的孩子，九年后正在带动一股守护地方健康的暖潮。

证严上人至今充满欣慰："那一位带动闹学潮、常常要找我谈话的学生，现在已经是我的得力弟子，她帮我将玉里分院管理得非常好，非常落实慈济精神。这样的孩子，虽曾叛逆，但只要让她心悦诚服，就可以接受慈济精神，完成重要任务。所以，十几年了，每一次当脚抽痛时，我就会摸一摸，说：'太值得了。'"

爱的导体，拥抱哲学

慈济护专的“懿德母姊会”，是证严上人在教育上展现的创意，孩子因求学而离家，证严上人就在学校里加入家的元素“妈妈”与“姊姊”。

这个组织于一九八九年成立之初，部分被任命的慈济委员感到惶恐，因为早期委员有些没有读书，或仅中、小学程度，想到要带领等同大学程度的二专学生，心中难免忐忑。证严上人清楚定位：“你们是去照顾孩子的生活习惯，将她们的好品德带出来。”懿德妈妈、懿德姊姊的校园身影，成为台湾教育史上特殊的一景。

慈济医学院创校，男学生增多，慈诚爸爸加入，“懿德母姊会”发展成“慈诚懿德会”，成员扩及医师、教授、律师、公务员、企业人士等，肩负学生、家长及学校三者之间的沟通桥梁，扮演关怀者、倾听者、辅导者的角色。

慈诚懿德会总干事林胜胜形容：“这些爸爸妈妈们真是付出无所求，唯一的期待，就是希望孩子也懂得去爱人。”

肤慰孩子的心，林胜胜提到了“拥抱哲学”。

“二十年来，我在懿德妈妈历程里的成长，深深体会到

‘拥抱’中的那种‘接纳’。”林胜胜认为，不论是孩子的沮丧或疑惑或反弹，“接纳并不是代表全盘认同，我接纳孩子的情绪，倾听他、理解他，告诉他‘我懂，我了解你的不舒服’。孩子被了解了，某种程度上他会觉得这就够了，并不希望我给予答案。”

孩子对学校有所建议，“好，宥妈妈来听你们讲。”林胜胜法号“静宥”，孩子昵称她“宥妈妈”。

孩子讲话，她凝神注视，用眼睛在倾听。听完，她以“同理心”设身处地，“哦！你们是这样的感觉啊，我能体会，学校会这么做，一定有它的道理，我们多用一些时间来了解。”林胜胜从不敷衍孩子，从不说“当学生不好好读书，那么多意见！”她尊重表达，从肢体语言散发出来的讯息，让孩子在倾诉当中，即使知道并不能获得答案，但已慢慢自我厘清。

慈诚爸爸、懿德妈妈们长年累月陪伴年轻心灵，相对而言，也让年轻心灵陪伴着与时俱进。林胜胜以自己的小女儿为例，“这个孩子比较特殊，初中时期她醉心篮球队，但被我硬生生阻拦。那是我最大的败笔，从此她信心溃散，学习意愿低落，我为此付出很大的代价。上人告诉我们，‘用菩萨的智慧来教育自己的孩子；用妈妈的心来爱普天下的孩子。’懿德妈妈给了我很大的学习，我彻底改变，孩子也随之改变，这才救了我的小女儿。她曾经最让我伤脑筋，现在，好贴心。”

林胜胜在与懿德孩子的相处中体会到，“有上人的法，有课堂上的理论，有带领孩子的实务，‘慈诚懿德会’提供了一个很大的成长空间。”当她回过头来与自己的孩子相处，更充分明白证严上人内蕴在“慈诚懿德会”中“易子而教”的深意。

孩子是一只透镜，透过孩子看世界，眼光必然不同。医生不只有专业、教授不只有学识、荣董①与企业家不只有金钱的投入，懿德孩子让这些爸爸妈妈们更剔透地看到学校、看到教育、看到人与人之间的美善意境。当他们提供给孩子一个学习典型，他们的生命，也经历了专业领域之外的再学习。

在花中，在茶中

一九九一年，慈济护专创校第三年。校长张芙美体知

① 荣董：为慈济荣誉董事的简称。荣誉董事的产生，缘起于一九八六年八月十六日，慈济医院开幕前一天，证严上人为感恩捐款满百万元赞助建院的大德们出钱成就慈济志业，特地颁发慈济荣誉董事聘书。荣誉董事们于一九八七年一月二十一日，在静思精舍成立荣董联谊会。目前担任荣董的条件，是凡一年内捐款满新台币一百万元者，由慈济基金会聘任为永久荣誉董事，他们有的是事业成功的公司负责人，有的则是市井小民。

证严上人办学深意，不仅是专业的人才教育，更期许生命的人文教育，有一天，她向洪素贞提及，“学校应该成立一个人文教育单位，来落实上人的创校理想。”洪素贞深有同感。

这个提议在获得证严上人的大力支持后，定名为“慈济人文室”，洪素贞承担主任之责，一步一脚印开始探索。

至今，慈济技术学院(慈济护专改制)、慈济大学均设有“人文教室”，包括茶道教室、花道教室、书画美术教室、禅修教室。古朴典雅，情境宁谧，开设相关课程，供学生选修。

茶道，不在泡茶技术，而在烹茶品茗那分沉定陶然，让心有一个空间，可以安放更高阔的生命价值观。

花道，不在流派表现，而在让美感启发心眼，看见生命力在空间的绽放。

有一回，印尼佛教总会前来参访，看到学生在插花，不禁提问：“洪老师，插花跟医学有关吗？”

洪素贞回答：“无关。”

“那为什么要插花？”

“跟心有关。”洪素贞告诉访者，学生的心中多铺衬一分美、一分柔软，或许对医术并无直接关联，却是对待病人的必要胸怀。

“让学生从这种心灵氛围中走出去，他将不会是一株空心的树。”洪素贞诠释：“上人所谓的‘人文’，义在人与人之间的文化。我的体会是，以人为轴心，在自己的人生，与推及他人的人间，画一个圆，就是人文。一己如何对待家人、朋友，推而对待团体、社会，广及众生，而能臻至无缘大慈、同体大悲。”

跟随证严上人办学之路，洪素贞本身亦一路学习：“看上人所做的指示、看上人在许多疑虑或责难中的坚持，最后，时间都证明了上人的睿智。从中濡染，我发觉自己的生命变得有力量，遇到困难，总能怀抱信心、毅力和勇气直面以对。在上人身边，是一种生命力量的培养。”

第十二章

完全教育，为生命开眼

"三十而立"，人在三十岁之前，
教育为生命开眼。
证严上人认为，
从零岁到三十岁的人格定型期，
教育是"树人"关键，因此，
他以三十年的教育长程，
来守护一个孩子三十年的慧命之路。

《论语·为政篇》有言："三十而立"，人在三十岁之前，教育为生命开眼。证严上人认为，从零岁到三十岁的人格定型期，教育是"树人"关键，因此，他对慈济教育志业体的最终目标，就在贯通幼稚园、小学、初中、高中、专科、大学、硕士班到博士班，建立一个完整的教育体系。以三十年的教育长程，来守护一个孩子三十年的慧命之路。

这个目标，从一九八九年慈济护专创校；而一九九四年慈济医学院成立、一九九八年改制为慈济医学暨人文社会学院；而一九九九年慈济护专改制慈济技术学院；至二〇〇〇年十月慈济大学揭碑、中小学创校那一天，教育完全化的理想圆成实现。

种子出发，小树有梦

在证严上人眼中，每一个孩子就是一颗种子，即使只能照顾好少数孩子，从一而生，也能成就无量优质果实，“教育是净化人心的工作，教育办得好，是社会的一股希望，更是一股安定的力量。”

慈济小学成立的慈幼社，让孩子走出自己的家，走进别人家里去关怀。假日里，慈济小学的孩子们帮忙感恩户打扫环境、清洗家具、刷净墙壁。真实的人生样态，启发孩子的善念，从悲悯中学习付出。

善念如小树生长，二〇〇一年，慈济小学有了第一届的毕业生。虽都是转学而来，但杨月凤校长与教导处主任简聪成决定让孩子留下珍贵印记。

“植毕业树”是一个绿意盎然的活动设计，六年级的同学们一起在校园里种下一棵小树，每个人写出自己的愿望，装在瓶里埋到树下。相约十年后，回校挖出，开瓶，回首看看年少的心。以树作记，树长大了，愿望是否即将开花？

当第一棵树种下，隔年，树旁就会有了第二棵，然后第三棵、第四棵……十年后，每一年，都有愿望破土、开瓶而出。

十年树木，一片绿意成林，校园的泥土由少年筑梦铺成。孩子们这样想，将来当瓶子打开，或许是小小的理想实现了，或许是大大的愿望还在奋斗中，但植树的那一刻，心头扎根的愿望开始茁长。

有了毕业树，还有“毕业少年礼”。内容包括两公里马拉松赛跑、认识野菜、建造自力屋、拜访原住民耆老、观察台湾东海岸、实地体验人与自然的关系。大地是快乐的考卷，充分脑力激荡后，营火晚会上校长、老师、同学一起跳原住民舞蹈，并把祈福的话写在天灯，让它飞上天祝祷人间。

贴着山，贴着水，海天之间，孩子的少年礼，礼成。有家长认为，慈济小学整体环境对人、对生命的种种观照，创造出了独特的教学品质。二〇〇七年，慈济小学荣获花莲县教育局推荐“品格教学典范学校”，经《天下杂志》专访，内容刊登于“教出品格力”亲子天下专刊。

台南慈济中小学

慈济在花莲地区的完全教育体系，目前学生人数总计近七千位。透过生活教育、品格教育与人文教育的薰陶，学生的表现深获社会各界赞扬。台南市政府肯定慈济办学理念，于二〇〇一年力邀慈济前往设校，经过多年筹备，二〇〇五年，台南慈济小学及高级中学暨附设初中部举行动土典礼，并于二〇〇七年八月正式开学。这是第一件公家机关与民间合作的兴学案，也是慈济在东部设校十八年后，首次于西部推动慧命希望工程的第一所完全中小学。

证严上人说，慈济建校不只是传授知识，更重要的是启发学生的良知良能，让下一代的孩子从小种下善根，懂得付出关怀和爱，将来才能造福社会。

“人文精神”是贯串慈济教育的精神轴心。慈济人文强调的是中国传统精神所着重的道德、礼仪、廉耻、合作、互助等观念，意即“人本精神”。自从台南慈济小学创校，经常有家长询问如何转学，来此就读，更有部分家长从外县市搬家到台南市陪孩子读书，让孩子涵养在优质的人文教育中。

“静思茶道”从喝茶学礼仪，是慈济小学的特色之一。

上课钟声一响，原本在走廊上嬉闹的孩子们，走进茶道教室，静心的音乐旋律让孩子转换跃动的心。进入茶道世界，每一个孩子都轮流做主人和客人，练习摆茶点、奉茶、被招待，学习人和人互动的基本礼仪。

台南慈济中学校长曾耀松在学校正式启航时表示，慈济人文教育如茶道、花道、手语及静思语教学、人文交流、志工服务等人文课程，正是期待将人文素质涵养、品德带入日常生活，培育出有教养、有人文，有国际宏观，更有竞争力的孩子。

二〇〇八年，包括台南慈济中学、慈大实小、慈济大学、慈济技术学院等四所慈济学校，荣获"教育部"二〇〇八年度品德教育绩优学校。

二〇〇九年二月，由台南慈济中小学所主办的首次"台南慈济中小学人文礼仪研习营"，有中小学、大爱幼儿园的同仁、老师，与慈济中小学家长与慈诚懿德，共两百五十位参与。透过这场茶道、行住坐卧礼仪等研习，让大家感受慈济人文礼仪之美，并能落实在课堂，以好的身教、境教影响孩子，将礼仪之美融入校园、家庭，进而达到有礼的社会。

曾耀松校长表示，慈济学校不但是注重生活教育、品德教育、人文教育，更是一所典范的教育学校。希望老师汲取法髓后，回到自己的工作岗位上现身说法带动，让每个孩子知道“有礼”真好，所以特地为慈济中、小学的老师们办了这场人文礼仪研习营，让老师们为自己加分。

台南慈济小学林淑琼校长也表示，慈济的老师是带着一分神圣的任务，教育不能松懈，不能有错误，希望每位老师都能每天以欢喜心、喜悦的心反省自己，进一步影响孩子的学习态度。

放下身段，释放纯真

慈济大学在台湾一百多所大学中，是个非常年轻的学校。二〇〇〇年，“宗教与文化研究所”创立，首任所长卢蕙馨自创所开始，就一路体会从知识到生命的整体领悟。

卢蕙馨曾经随团前往印尼义诊，她看到了研究室之外的另一个场域。

一般而言，义诊容易被定位为“医师及护理人员参与”的活动，“去了之后，我感觉到整个生命场景绝大的不同。所有的医师、企业家放下身段，释放出很纯真的一面，让人觉得，职业的分别、贫富的差距、社会地位的高低，每一个人被贴的标签都该撕去，人与人之间本就不应对立或分裂。”

让研究学术的人参与义诊，让文化传播、企业经营或各种领域的人参与义诊，卢蕙馨体会到证严上人借义诊的言外之教。她寻常日子里的教书、做研究，独力完成的成分居多，“可是一出去，就与人产生连结，那种感觉很难讲，但很有力。”

在印尼义诊中心的现场，超大规模的诊间里，十多张开刀床并列，手术同时进行。一个两岁的小男孩刚开完刀，麻醉退后痛哭不止，卢蕙馨走过去，摸摸孩子的头脸，一会儿，他安静下来，睡着了。五十多岁的妇人割除脂肪瘤后，痛得流泪、颤抖不已。卢蕙馨轻轻抚着她的腿，她知道人在此时最需要温暖的触觉，渐渐地，妇人不再颤抖了。“人与人之间是一种无言的沟通，这似乎没有理论可在当下助力。身体的肤慰，释放温暖的讯息，心念的祝福，尽在不言中。”

义诊任务，团体执行，多重领域的近距离汇聚，大家在同一个时间里做事，“有看不完的风景。”卢蕙馨形容她在这无尽风光中：“时间感不一样了。一般，世俗的时间是切割的，一个钟头内要看完多少资料，一天里要做什么事，一个月后要交哪些研究或报告，都定好时间，不容干扰。但投入义诊这类活动，是扮演当中的一个角色，安抚一个小男孩或一个妇人，那不只是与人的贴近，更是互融。那一刻，是很实在的时间，或者说，没有了时间。因为人与人之间不一样，时间也就不一样。”

经历了义诊的洗礼，卢蕙馨觉得自己更有弹性，以前若有文章未写、资料未备，必定感到紧张，但去了一趟回来，发现看事情可以有很多的角度，执著在无形中放下了。她体会到证严上人的用意：“上人让我这种论得太多、做得太少的人，自然而然地体会理论有何不足，可以再用如何的语言去诠释。回来之后再上课，我想，我可以把理论建构得更贴切。”

静思语声，提灯照路

“慈济教师联谊会”于一九九二年七月成立后，慈济精神进入校园，许多老师以慈济故事作为教材，或指导学生书写《静思语》句，陶冶品性。

曾有位初中老师向证严上人说：“师父，以前我的脾气很不好，在学校经常被学生气得火冒三丈，因此我会打骂学生，却造成反效果。参加慈济教师联谊会后，常常仔细阅读《静思语》，并反观自己，觉得很惭愧，决心改掉坏脾气，并用静思语时时警惕自己。”

这位老师班上有位学生非常调皮，有一次上课不专心，老师加以训诫，竟耸着肩膀、握紧拳头，一副打架态势。老师气极，就要挥出一巴掌，突然想起“口说好话、身行好事、心想好意”，心念一转，举起的手摸摸学生的头，“孩子，我们两个人的习气都要改哦，我的脾气要改，你的坏习惯也要改。”

轻轻几句话，学生的肩膀放下，拳头松开，“老师，对不起！”怒目相视的对立，化解了。

证严上人常说：“天下没有教不好的孩子，只有失职的父母和师长。”老师们懂得善解、包容学生，并将《静思语》融入教学，引导学生的思考，同时通过家庭联络簿，就能使学生、老师、家长在良性的互动中成长。

方美伦老师，是家长眼中的“菩萨老师”。她教授英文常巧妙运用《静思语》作引子，讲解文法、说明例句，学生兴趣高昂。她辅导自杀倾向的学生珍惜生命，她陪伴学生家长变成“柔性的妈妈”而改善亲子关系。教了三十年的书，在运用《静思语》教学后，方美伦真正体会到教育是“提灯照路”的工作，而产生无限的热情和使命感。

“说话声音放低低，待人有礼笑嘻嘻”，这是梁丽娟老师每天抄给学生的《静思语》中的一句。一天一句，学生的心一天一善念。一对经常吵架的父母，居然听到儿子说："话多不如话少，话少不如话好"，二人惊讶不已，吵架立停。

侯素珍老师说，《静思语》治好她罹患脊髓萎缩症而产生的自卑，也成为她与孩子们共同拥有的语言。她每天向校园里的树木道声早安，用身教让学生体会爱生护生。学期末，一位常常逃学而被侯素珍用爱唤回来的孩子，在感恩卡上写道："谢谢您把我从魔鬼手中救回来！"

二〇〇七年，"教育部"举办"二〇〇七年度品德教育绩优学校观摩及表扬大会"，奖励品德推动绩优学校及民间团体，慈济基金会获"教育部"颁发奖牌表扬。慈济委员、慈诚及社区志工结合教师联谊会，推动爱心家长在校园推广生命教育讲述静思语故事，在多年耕耘后，"大爱妈妈"遍洒近九百所学校。

第十三章

希望工程，跨世纪挑战

九二一地震的灾难，
让全台八百所学校一夕倾毁。
但学童在困境中没有失去韧性，
这样的特质，
正是人们最该守护的希望。
认养五十所中、小学的希望工程，
在世纪与世纪间，绽放创造力。

“所谓的‘希望工程’，就是有很多很多人的希望，都放在下一代学子们的身上——期待他们有好的环境读书上进，如此，将来的社会才真正有希望。”

这是证严上人对“希望工程”的定义，工程以孩子作主角，希望靠孩子来延伸。

在世纪末倒下的，在世纪初建立起来

九二一地震的灾难，让全台八百所学校一夕倾毁，证严上人走访灾区，看到学校倒了，觉得人生的希望好像忽然间都暗了。望着残破的校地，他内心一直在思考，“这是我们社会下一代的希望，如何赶快从黑暗变光明？”

他认为，教育不能出现断层，“拖延一天，孩子的教育就空白一天，拖一年就空白一年！中小学是基础教育，拖延既久，势必误人子弟。”于是，灾后两周，慈济希望工程小组即已成立，计议以“盖自己的学校”的心态，建造千年不坠的硬件。

总共认养五十所中、小学的希望工程，工地既多又广，照顾建设品质，对慈济是一桩跨世纪的挑战，但证严上人说：“点点滴滴的爱汇聚在一起，就是无量无限的大爱，我们的希望工程绝对能在理想中完成。”

他如此期待：“希望工程完成的校舍，要像一篇好文章，无法再多一句或再删一句，也就是要尽善尽美，不增不减。”面对这百年大震的创伤，他站在更高的观点上：“九二一的破坏，是新世纪的希望。”

以希望迈入千禧年，在二十世纪与二十一世纪之间，创造力在绽放。

证严上人的前进步伐一向极快，希望工程又转动更迅速的节奏，因为九二一的灾难让他看到，因缘正在恶化，世间正在败坏，他希望扭转颓势，“在世纪末倒下的，在世纪初建立起来。”

慈济基金会副总执行长林碧玉主导希望工程的执行，她重新溯返于一个最单纯的角色——“孩子”，她经常在想：“小时候，自己对学校的希望与期待是什么？”这个思索引生下一个思索：“那么，慈济又能提供学校什么？”期待以众人的大爱为梁骨、专业的智慧作外墙，为灾区学子打造希望的学堂。

以空间启发学习

证严上人已清楚揭示建筑原则——坚固安全、融合学校发展与地方人文特色、呈现爱与关怀风貌。“孩子是未来的栋梁，不只要灌输他们学问常识，也要教育其人性的智慧、高尚的品德。所以，建筑物本身在讲究品质牢固外，也要用心于人文与自然融合，以文雅、端庄的气质与天地人合一。”

比如爽文初中，证严上人与建筑师姚仁喜就有一场“门”的对话。

原本姚仁喜依照校方需求，将师生主要出入的侧门改为正门。但证严上人在看了设计图之后，认为要让学生走大门、行正道，况且，正门旁边正是樟木林的美丽绿荫，于是建议恢复学校正门为主要出入口。最后，校方和姚仁喜从这个角度思考，豁然而通，也因而获得建筑设计奖。

爽文初中是唯一在动土典礼当天不搭帐篷的学校，凉爽树荫下，学生坐在阶梯上，聆听师长们在阶梯上端平台讲演。林碧玉在林荫沁人的绿意里，听到飘于樟香中姚仁喜对证严上人说的一句话：“上人，还是你对喔！”因为这般校园是天地共成。

“我想最重要的是，学校环境应有触觉的语言。所谓‘触觉的语言’，就是环境会说话，让人有感受、能意会。”

建筑师们对证严上人重视的“无声说法”，即环境中的人文精神，多所感知，与慈济合作二十余年的许常吉曾言，“上人虽然没有读过任何国外建筑书籍，可是他的看法往往非常关键性，这是我近二十年才慢慢体会的。”

知名建筑设计师也是前慈济大爱电视台总监姚仁禄，则从中看到对建筑师的一大挑战、对慈济的一大创举。他深层诠释证严上人认养这么多学校，是重现早年艰辛建立医院的奋进精神，激活社会的付出、感动与学习，跨越金钱效益思考，建立不同的价值取向，“上人觉得盖‘对’的学校，比花了多少钱更重要。”

全角度的希望

震后三个月，摄影家阮义忠接受大爱电视台邀约，深入灾区走访慈济“希望工程”援建学校，用镜头记录学童在困境中的成长。对于这个任务，他曾自觉不适担任，因为在此之前他已到过灾区，那种山河破碎的景象，让他失望而返，深深觉得，重建是很难了。

“不只是台湾，全世界都在瓦解中；若我们能出一些力，让它崩塌得慢一点也好。”就是姚仁禄的这番话打动了他，阮义忠出发了。

一走进孩子的世界，他很快感觉：“来对了！”

学校倒了，课照上；教室没了，试照考；简易教室仍用灯笼上妆；帐篷下南胡班还在练习……没有失去色彩，没有失去音符，在困境中没有失去韧性，学童依然在残破上把事情当游戏看。这样的特质，正是人们最该守护的希望。

是大人在为孩子进行“希望工程”吗？孩子也在为大人的心建立“希望工程”。阮义忠真正体会到为什么慈济的重建叫做“希望工程”，在校园里，他千百次按下希望的快门。

一位建筑师也说：“不只学校看到希望，也是我们的希望。”因为团队合作模式，情感互动，同仁变得像家人。

五十所学校全部落成，是孩子的希望，是大人的希望，是学校的希望，是建筑师的希望。一个工程，让许多人全角度看见希望。

第十四章

社区志工，爱的在地串连

无论是心灵的灾难，
或是无可抗拒的天灾人祸，
伸出援手最近的距离，就在社区。
志工扎根社区，连结行善网络，
让台湾旺盛的生命力，
从社会底层透发出来。

足踏白靴的时髦女子，跨进门，走近观音像，倏然跪下，失声痛哭起来。堂内走出一位年轻人，正要上前探问，另一位较年长者摇摇手，示意，让她哭吧。

哭声渐歇，泪水收止，旁边的人这才扶起她，轻声问："你一定有什么委屈，我们能为你做什么吗？"

类似这样的景象，时而在社区里发生。白靴女子可以是任何人，踏进的门可以是慈济的任一个分会、联络处，而趋前肤慰的，正是社区志工。无论是心灵的灾难，或是无可抗拒的天灾人祸，伸出援手最近的距离，就在社区。

有效的力量

"社区志工"的倡导，是一九九六年贺伯台风重创全台后，证严上人提出的呼吁。

当时慈济大区域调动人力、物力投入救灾工作，证严上人即深刻思索着——人力资源如何妥善调度，净化人心工作如何突破人际疏离，唤起"敦亲睦邻、守望相助"的亲近，他心中浮现一张新版图，"社区志工"观念提出。

证严上人对慈济人说："过去我说要净化人心、祥和社会、天下无灾难，那是观念的呼吁，让大家知道这个方向。现在因缘成熟了，我要开始去实施了。我现在告诉各位，净化人心、祥和社会，就是落实社区志工。假设一万人的社区中有五十位慈济委员、五十位慈诚队，这一百个有效的力量，就能在这个社区带动一万个民众，宣导大家守望相助、敦亲睦邻。"

带动社区民众的具体行动，包括：共同扫街、认养公园、整治溪流、资源回收、关怀老人、照料贫户、医院志工，并举办各种乡土文化活动，与妇女成长班、亲子成长班等，凝聚社区民众的感情，遏止犯罪发生。同时，成立“社区关怀救难系统”，平时即掌握社区资源，以备不时之需。

一九九九年九二一大地震，“社区志工”的迅速动员，发挥了最佳功效。

凌晨一点四十七分地震发生，全省四个分会、十四个联络处立即张网起动，人力、物力迅速集结。两点半，台北慈济人已出现在松山“东星大楼”、新庄“博士的家”；三点不到，丰原慈济人带着水、毛毯及食物前往东势救灾；五点半，在各个灾变现场，慈济人率同当地社区居民已开始供应热腾腾的早餐了；天亮后，慈济人透过扎根颇深的社区系统，开始发放慰问金。

善念播种，见树又见林

二〇〇一年，证严上人的“社区志工”思维更趋缜密。

六月三日，为更落实社区志工于邻里，证严上人明确宣示，在邻里间推展慈济，以达由点而线而面的净化人心的目标。

证严上人认为，真正有大将之风的组长，是不断能在组内培养组长人才,再由这些生力军带出新组,成就他人,也圆满大局。“组长除了要善于‘播种’,也就是广招徕众,遍撒爱心的种子;同时也要勇于‘移栽’,将已长成的林木移植别处,使其在新的领域上伸展茂盛的枝叶。所有组长若有此共识,则志业才能拓得更广,一如树木成林,浓荫枝叶才能庇护更多的人。”

七月底桃芝台风重创台湾东部与中部,八月证严上人出门行脚时,谈及“天灾出于人祸”,灾情惨重,足见净化人心有待加强。“三十多年来,‘众生共业’之理我牢记在心,不曾或忘!”台风后的山河破碎、家园流失,再一次激发证严上人的坚定意志,“这次桃芝台风来袭,对我是一波的激励,激励着我不能只走旧的路,我应该往新的方向前行。我要更细腻、更深刻、更扎根、更普遍化去净化人心,我现在胸有成竹,但是我一个人绝对不可能做到,一定要你们与我共同合心协力来努力。”

九月十一日,美国发生恐怖分子挟持客机撞击纽约世贸大楼、华盛顿五角大厦惊爆事件,伤亡惨重,举世震惊。证严上人以“惊世的灾难,要有警世的觉悟”呼吁全球爱心动起来。正为九一一耿耿忧心,纳莉台风接踵而至,水淹北台湾,证严上人直接诉诸人心:“楼上垂直帮助楼下”,多一分爱，就多一分吉祥。

把握因缘，唤醒爱心，十月，“爱洒人间”运动长期性、全面性展开，结合“小组关怀，多组活动”，落实社区向家家户户募心，将爱洒入人与人之间。证严上人诠释：“所谓‘爱洒人间’，‘人间’是指人与人之间，包括夫妻、亲子、兄弟、同事等等。人与人之间不能缺少爱，我们应该要在人与人之间表达爱心善念，将爱洒向人与人之间，洒到家庭、社区，使人间爱的连环，环环相扣，那么天下也就太平了！”

一条巷子，一本家谱

作为一个佛教团体，慈济“净化人心”的工作，实质意义在“教育”，教化众生回归清净本性。“有形教育”是从幼儿园到博士班的完全落实；而志工们在社区的身体力行、带动启发，就是“无形教育”。

“无形教育”期待慈济人以身作则，透过人格的无形濡染，普及大爱精神，净化人心。社区志工，就是守护其间的因子。

台北合江街一百三十巷，全长不到五十米的两百多户人家中，慈济人即居九成以上，聚落的温馨情趣，证严上人赞而称之“慈济巷”。在一九九六年推动“社区志工”后，屡屡引为模范样本，期许每个社区都能家家是志工、户户慈济人。

最早在此推展慈济者包括资深委员林胜胜，以及奠定慈诚队组织纪律的林徽堂。他们让巷子里的“好邻居”如繁星闪耀，相互辉映出“慈济家谱”，亲子、手足、夫妻、朋友、同事、师徒、法亲等种种人伦，由巷内延伸至邻近街道。

一条巷子，是一篇社区史诗。

诗中人物，在时空脉络中交错着永恒情谊。

林徽堂自从投入慈济，前后判若两人，讲话中十句有七句是“师父”如何如何。他宿有肝疾，但常在打针消除肝脏水肿后，随即回到花莲帮忙慈济工程。临终时，从医院送回家中，围聚身旁的都是平素交情甚深的人。林徽堂人本潇洒，而慈济人对生死也眼界开阔，当他弥留状态将走未走，有人就说：“这个时间不错啊！”与林徽堂情同手足的黄思贤，看他张着嘴，就告诉林徽堂：“你不走，还一直念什么，放不下哪？”林胜胜在一旁道：“如果他能出声，一定会说，思贤，你自己怎么不放下！”

因缘凑巧，正好静思精舍德慈师父就在台北，赶来林徽堂家，向他说了几句话后，林徽堂这才流着泪离开了人世。

得知消息，大家涌来为他助念。因为来人太多，只好规定每个人只能助念三分钟。慈诚队或在屋内维持秩序，或在门外安排动线，只见整条巷子满满是人，等候的队伍排列到附近的建国南北路上，约有一百公尺长。

社区，是一块福田

林胜胜谈到慈济巷，她说："那是缘起于上人的法，是上人的法雨滋润，才改变了我的人生，进而接引更多的人同耕福田。我曾经问上人，如何推动慈济？上人说，要先让人欢喜你的人，人就会欢喜你的团体、认同你的宗教。此即'人能弘道，非道弘人'之理。"

早年，在退出联合国以及与美国断交之际，社会人心惶惶，经济大跌，林胜胜几个结拜姊妹都移民异邦，她感到非常沮丧绝望。就在此时，有个机缘拜访静思精舍，惊讶于证严上人以一女众之身，竟然想在那样不景气的社会环境、那样偏僻的花莲，广邀大众建设慈济医院！她深受感动，觉得台湾因有慈济而希望无穷，不安的心就此安定。

安定自心，林胜胜也把安心带给周遭的人。

在社区里，曾有一位妇人出借两千多万元给朋友，结果对方卷逃出国一去不回。妇人哭得死去活来，买了农药就要了断自己。她的媳妇三更半夜来敲门，林胜胜火速赶去，妇人已哭得几乎昏厥。

“我不想活了，我对不起先生，对不起孩子，全部的家当都被拿到国外去了。”

林胜胜让她发泄，待渐渐平静下来，就问她一句话：“到底是他欠你，还是你欠他？”

“当然是他欠我！”妇人说。

林胜胜说：“我看，是你欠他吧，你不止欠他两千多万，你还欠他一条命。如果这样看不开，不只赔了钱，真的连你这条命都赔上！前辈子你若没有欠他，来生他就得还你，下辈子你眼睛一张开，两千多万就在你的前面。”

听到林胜胜这么讲，妇人一下子醒过来，“对哦！那我为什么还要死。”

林胜胜进一步告诉她：“这是师父跟我们讲的观念，你要觉得庆幸，倒人钱财的人不是你，这表示你比他更有力量，你不必怨恨他，反而更要去祝福他，来日或者来世，他一定会再还你。”

有一回，林胜胜在上了大爱电视之后，隔天正在市场买菜。有个人就上前来问：“你是不是慈济人，电视上那个好像就是你！”

林胜胜笑着点头，结果，旁边卖水果、卖鱼、卖肉，一个个围过来，“没错啦，就是她啦！”

一种“透明化”的感觉，让林胜胜更体知“肢体语言比话语更有力量，社区里的透明化，其实对个人的修行是很大的帮助，每一位志工都是慈济的活动看板，一出门，慈济形象、个人气质，随时随地都有人做检视。在社区里面，如果志工本身展现亲和力与安定感，民众看到了，就会很想亲近，遇到困难自然会来寻求帮忙。”林胜胜进一步诠释：“社区，是上人给志工的一块福田，大家用‘合心和气互爱协力’来接引民众，扎实地深耕人心善念，这就是上人的理想。假如每一个社区都净化，社会自然就能净化。”

台湾之爱

有一位委员急着赶赴活动，遇到上班交通尖峰，好久都招不到计程车。正在心急如焚之际，一辆计程车停在面前。车上下来一位太太，笑了一笑，就走了。委员心里暗喜运气不错，巧遇有人在此下车。

她才一上车，司机就说：“你是慈济师姊，穿旗袍一定要去参加重要活动吧？你知道吗？刚刚那位太太是看到你在等车，故意下车让给你坐的，她再去等别的车。”

林胜胜说，类似这样的故事，使慈济人的责任与使命感更为加重。不论透过肤慰人心、资源回收、救灾关怀，志工扎根社区，连结行善网络，让台湾旺盛的生命力，从社会底层透发出来。

新竹清华大学人文社会学院院长张维安教授在《一种来自社会底层的改善力量》中提到，慈济人在网络关系中，分享着相同的理念、做法，在各种仪式性活动中，培养社区意识。这个社区性质，使得慈济这个团体对于社会整体的改善力量，或者是对于结构性改变的可能性，从纯粹的“个人层次”提升到“组织层次”，其行动不再是纯粹的一个人，而是一群人的行动，在“个人”与“结构”之间，增添了一种可能性。

一张菩萨网，为浮移、躁乱的社会大衬底，期望织得密、撒得广、扎得深，这是证严上人的台湾之爱。

【卷四】

喜心

从无忧的坦途沐浴心灵曙光

欢喜无忧，是每一个人的希求。
证严上人诠释“慈悲喜舍”中的“喜”，
曾就“以持正法起喜心”加以解说，
认为要使众生喜悦，不只是给予物质或使其心安稳，
还要运用正确方法，给予正确观念和思想，
这才是永远的布施。

在慈济，“喜”对应了“人文志业”，
透过文字、音声、影像、电子等现代人所能接触到的媒体，
将感动的真人实事、人心明亮，汇聚成一条光河，
让人们都有机会沐浴在心灵的曙光中，
不只一己欢喜，也接引大众见贤思齐，
影响他人心常悦乐、社会祥和。

第十五章

大爱，让世界亮起来

不论是传承竹筒精神、溯返人性美善，
或是前进科技、上攀传播新高点，
瓶瓶罐罐也可以变成电视台，
呈现世界的美善信念。
大爱台的愿景，
是为台湾建构媒体新典范。

一九九八年一月一日凌晨，中正纪念堂广场上跨年晚会方结束，时间刚跨过年与年的交界。

狂欢后的人潮还在现场留连不去，车水马龙阻滞了即将进场的十六辆大货柜车，车上载着四万张椅子，准备迎接元旦晚间的“大爱电视台开播及全球祈愿晚会”。

狂欢散戏，但余温未散，人多，车多，垃圾多，却无法清场。正一筹莫展时，下起了一阵大雨。

人潮四散。

这阵雨只下了五分钟，天空为大地洒净。

雨停后，另一波人潮涌入。那是慈济的千余位环保志工、委员、慈诚携家带眷，老老少少默默捡拾垃圾，然后，卸下椅子，顺序排列。

千余人手，四万椅子，无声地铺排绵延。潮来，潮去，广场已经换装，与晨曦同步，大地亮起来。

汇聚人心光明

元旦上午，大爱电视台开播仪式在公视大楼举行，证严上人谈及创台心路："两年前，我就开始思考，如何将大爱清流更广泛地展现世人眼前，使海内外皆晓得台湾其实有一股良善和爱的力量。"

大爱电视台开播象征证严上人弘法理想立起新的里程碑，"在我有限的生命里，想要度化广大众生，实在非常困难，如果能结合群体力量，运用当代发达的科技，让感动的真人实事深入家家户户，汇聚人人心中的光明，则未来的地球必然非常亮丽。'大爱，让世界亮起来'，绝非是梦，必然成真。"

或许可用"一则以喜，一则以忧"形容慈济人的心情，很欢喜终于有了自己的电视台，也隐隐忧心它的前路好走吗？

其实，早在证严上人提出透过电视媒体净化人心的想法时，许多弟子纷纷劝阻，“做电视真的是太辛苦了！”可是证严上人认为，做一件事考量的不是辛不辛苦，而是应不应该。

大多数人最初或许很难想象，证严上人在花莲讲一句话，四秒钟以后，全世界的有缘人立可收视，这相较于文字必须在一个月后才看得到，速度不可同日而语。

万人祈愿传灯是晚会的最高潮，一千五百位慈济人双手端捧托盘，盘上蓝绒布覆盖着莲花灯，证严上人依序掀起，光芒刹时绽放。捧着光明，步入人群，传灯也传心。盏盏心灯，流动于四万人潮，是人间星河。现场光热，透过卫星传递给电视机前的每一双眼睛。

辉煌灯海里，清风拂来，舞台上巨型立体地球灯前，证严上人袈裟轻扬，“心灯已经点燃，但愿这盏盏心灯，能照亮大家的心，也能照亮普天下。期待大爱汇聚，让世界亮起来！”

作人们的清明眼目

长久以来，人们透过媒体，看到刺激、暴力、道德泯没、人情淡薄，然而证严上人认为“台湾无以为宝，以善为宝”，社会中其实潜流着醇厚的爱与良善，电视媒体必须作为人们的清明眼目，收集美好，播送光明。“四十多年前的‘竹筒岁月’，竹筒累积点点滴滴的爱心善款；现在的大爱台就是‘竹筒’，收摄录制人间善与爱的故事，这部真善美的历史就是《慈济大藏经》。”

媒体对社会负有教育与文化的使命，人们本借以开阔眼界、增长智识，但许多偏向人生丑陋面的报导，误导观众是非不分、惶恐不安、绝望、偏激、犯罪，媒体反成了心灵病毒的媒介。近年来，证严上人不断感受到媒体无远弗届的影响力，可戕害人心，亦可净化人心，他想转动媒体的另一双眼，让世界翻到向光的一面，“与其期待媒体净化，不如自己以身作则，作媒体清流。”

证严上人当然明白，志为媒体清流，极不简单，“但我们来到人间，就是要承担难做、难挑的事。”而且，清流不能独流，他的期待更在影响其他公众媒体，广为“开拓清流”。只有不断涌现，才有足够的活泉，共同以清净浊，消弭社会病毒。

这样一个很大的愿景，在大爱台办公室门前，就做了意象镶嵌。那是一排竹筒贴立壁面，竹节间的小孔，可以投钱存蓄。这么高科技的媒体大楼，这么古朴的竹筒，它在标举一个历史记忆。当时的大爱台总监姚仁禄说：“竹筒是一个消失中的世界。上人曾经说过‘时间累积一切功德’，从现今力量庞大、行动迅速的慈济世界，回望三十多年前那个只有三十个会员的竹筒岁月，那时候的伟大，是有愿但无力却坚持用血汗去累积的伟大。我很期待在慈济的人文志业里，能够保留这样的心灵力量。拥抱竹筒岁月，才能在愈来愈成长之际，没有离开本分。这个本分是，当可以举十公斤时，发愿举一百公斤，然后坚持向前。”

以“善念历史”进入家家户户

一九九九年九月六日，大爱电视台戏剧节目开播。戏剧本是平常，但若是真人实事的戏剧，困难度立即显现在找不到编剧上。许多人认为不可能，因为，既不能为求效果而无中生有，也不能为求精彩而倒因为果，如何充满戏剧张力？如何抓住观众视线？既然是戏，如何有真？

戏说人生，证严上人藉人生说戏，他举了一个事例。在慈济的照顾户中，有位先生在身强体壮时，拼尽全力为人生奋斗，当时他觉得自己所拥有的一身本事、家庭幸福、经济宽裕种种都是“真”的；但后来重病住院，他失去了健康、工作能力……曾经拥有的一切尽皆远离，变调的生活让他痛苦不已。

“人对‘生命’的本质往往认识不清，以为曾经拥有就是真实，也必然恒常存在，所以当变化、自以为失去后，便感椎心之痛。然而，就真理实相来说，宇宙天地乃至于人生世间，本质就是迁变无常、虚幻不实。”

那么“真”是什么？证严上人以“三理四相”说明。无论是心理、生理、物理，万相的本质都是成、住、坏、空之迁变轮回。所有“相”分析到最后都归零于“空”，这就是“假”；而众生本具清净的佛性，才是常住不变、永恒存在的“真”。

证严上人说：“变化多端的人生，是真不了；而真理的实相，却也假不了。希望大爱剧场藉由人生世事，彰显虚幻、空无的‘真’理。对于人生的境遇和净化过程，当如实详述、真实入戏，才能触动与启发人心；若是在虚假的人生又制作许多虚假的人事，就是‘假中假’的戏了！”

“大爱剧场”拍摄人间真实故事的制作经费，占全年预算的百分之五十，如此高比例的投入，所为只在替社会做一件有意义的事。用“善念历史”经营黄金时段，果然做出口碑，收视率大约是所有频道的第四名，仅居主要商业电视台之后；几家电视台甚至要求提供于不同时段播放，收视率仍高。

抢救历史，抢救慧命

二〇〇一年九月十六日，一场纳莉狂台，水淹大爱台。姚仁禄说："从某个角度而言，给了我一个很大的提醒，随时都可能一无所有。"而同时，姚仁禄也看到："那是一个很深重的意义，大爱台凝聚了很大的力量。"

当时，看着水势寸寸上淹，姚仁禄心中急急下沉，地下四层楼全部进水，片库里面的两万多卷资料影带，尽沉水底。九月十七日凌晨四点，他打电话向证严上人报告灾情，并为这么大的损失，深深致歉。

证严上人的第一个反应是，"人有没有怎么样？"

"没有。"姚仁禄回答。

"人平安就没关系。"证严上人口中的没关系，姚仁禄心里好难过，他深知证严上人对历史资料的珍视。

史料一夜泡汤，唯一的一条路是：抽水，抢救，清洗。但这是理论，过水的带子是否真能救回画面，犹未可知。姚仁禄拿出一卷影带试验。用矿泉水洗净，打开，吹干，然后播放。当画面真的救回，在场的人几乎落泪。

中部志工、军方、中华搜救总队提供数十部抽水机，日夜运转。证严上人沉痛呼吁："现在是抢救慧命的时刻了，大爱台拍下来的《慈济大藏经》都是智慧清流，不能让它消失掉。"

于是，一卷一卷从泥浆中起出的影带，就地初步清洗后，连夜载往关渡园区。一波波慈济志工从全省在此汇流，偌大的佛堂里，满满近九百人，戴着口罩，八人一桌，两两对坐，合作无间慢慢卷动带子，细细检视，一发现泥沙，用小毛刷沾水去除，然后，小扇扇干水分。

这是慢工细活，空气里除了录音带传出证严上人的开示法音，之外，悄然无声。专注，细密，一分一秒在抢救那一分一秒的历史，犹如精进佛一。全场是一股庞大的静默，庞大的凝聚。

清流涤净浊流，就流动在一波波的志工交替中。证严上人对志工们说："这些都是宝贵的历史，你们正在抢救历史。一卷带子的制作费多达百万元，所以，你们很富有哦！"

大爱电视台搬迁本是计划中事，淹水加速了脚步。慈济关渡园区旁新建的"人文志业中心"，就是大爱台新址，二〇〇五年元旦启用。

在历史进程上，它落实的是证严上人"人文三合一"的方向，将慈济所有人文资讯如文字、广播、图像、影像，透过数字平台，建构成数字资产管理总部。

不论是传承竹筒精神、溯返人性美善，或是前进科技、上攀传播新高点，“大爱台的愿景，是为台湾建构媒体新典范。”姚仁禄表示，这其中内蕴的强大动力，来自于人。他举称，“全球一千多位影像志工的投入，那是一股多么丰富的资源。上人真的创造了一个很特别的世界，全球慈济人如圆，向心运转，所以，大爱台一定要呈现世界的美善信念，让人们从信门入，看到人性光明的大喜人文。”

大爱电视台屡创佳绩，在历年由世新大学新闻传播学院与世新民调中心所做的“媒体风云排行榜”民调中，大爱电视台获得四项指标第一，包括最公正客观、最优质、对个人影响最大、对社会影响最大。二〇〇八年，大爱电视台获“雅虎奇摩*，理想新闻媒体大调查——理想媒体指标”七项评比第一名。二〇〇九年四月，雅虎奇摩新闻年度“理想新闻媒体大调查”结果，大爱新闻一举在十三项指标中夺下八个冠军，尤其在“社会关怀”、“教育功能”上广获好评。

* 雅虎奇摩：为台湾一家大型门户网站，由雅虎台湾与奇摩站合并而成，网址续用雅虎台湾网址。——编者注

第十六章

如水流，如花香

从文字而音声而影像，从平面到立体，
从深缓到立即，
慈济的人文传播，随着现代资讯媒体，
多层面，入人心。
证严上人以“水”比喻人文工作，
谆谆叮咛慈济人
用心在污泥中耕种一池莲花。

人文是大喜的工作，喜悦的传扬如水流润、如花飘香，证严上人早在创立慈济功德会的第二年，即一九六七年七月，便创刊了《慈济》月刊，以征信、报导好人好事为主旨，传播台湾民间底层“善的生命力”，为慈济人文第一页。

以传播媒介转法轮

在《慈济》月刊的发刊词里，证严上人诠释“慈悲为怀，济世为志”的积极意义。早期不仅编辑作业在静思精舍执行，从第一期出版三千份到第二八一期二十一万份，所有包装工作也都在精舍打理。每当刊物运到时，精舍常住二众放下手边工作，中庭铺上塑胶布，众人围坐，有时，证严上人也会参与包装。

接着，《慈济道侣》半月刊、英文季刊（*Tzu Chi English Quarterly*）、日文月刊（慈济ものがたり）、《经典》杂志、“慈济世界”电台节目，皆以“尊重生命”、“肯定人性”角度诠释慈济人文。

二〇〇四年，发行十七年的《慈济道侣》在三月一日发行最后一期，之后并入《慈济》月刊，从报纸型刊物转为杂志形态；同时定期出版“慈济道侣丛书”，以新面貌服务读者。新版《慈济》月刊，保有《慈济道侣》功能，有感人故事，也有慈济新讯报导与剖析，并提供全球慈济人发表园地，朝向更精致传播慈济人文的目标努力。

二〇〇七年三月，《慈济》月刊为符合数字化、环保化的世界潮流，推出电子杂志，并同步推动纸本减量，让环保行动更加言行合一，纸本与电子文本之间，智慧法语一字不差，生命故事同样感人。而且电子杂志跨越时空限制，让读者不必出门、不必等候寄送，可以立即透过电脑阅览与实体月刊完全相同的编排美感。

在此之前，纸本《慈济》月刊每期全球发行量将近三十三万本，堪称同时期台湾月刊类杂志发行之冠。庞大的发行量，让更多人得以透过阅读同沾法益；但大量的印刷，却也消耗了为数庞大的纸张。造纸是高耗能产业，除了要砍伐树木，也必须消耗大量能源与水；而印刷油墨、装订黏胶、运送各地……消耗资源且造成污染。证严上人认为，树木是大地的肺，是“世间大宅”的空调系统，如果空调失灵，地球就会发烧、生病。要减缓温室效应，必须从保护山林树木做起。“在环保站看到志工整理纸类回收物，是那样珍惜片纸，希望挽救树木；我们不能一边提倡环保、却一边砍树。”证严上人因此指示《慈济》月刊尽速电子化，在温室效应日益严重的今天，对地球表达护惜与尊重。

而由《经典》杂志费时五年拍摄，展示玄奘大师西行印度取经，其沿途一千三百多年来的变化——“西域记风尘”(Journey to the West)摄影展，在台湾、新加坡、马来西亚巡回展览后，二○○五年十二月远渡重洋到美国，在加州、德州、纽约等城市巡回展出。翌年六月，由慈济纽约分会与纽约《世界日报》合办展出，获得热烈回响，驻纽约台北经济文化办事处特别安排二○○六年七月，在该处画廊展出。十二月，更在美国纽约联合国总部展出，其出版纪念邮票中，同步置放此回展览的经典图片。

在证严上人的理念中，“每一天都有历史，前一秒钟的一个动作、一句话、一个决定，都会成为未来一秒钟的历史。”历史流长，纪录随之，在平面刊物之外，音声加入阵容，第一个电台节目“慈济世界”自一九八五年十一月十六日于民本电台开播，弥补了平面媒体的局限。后来还有“慈济世界”、“真心看世界”、“静思晨语”三套节目，在中广资讯网、汉声电台、复兴电台等十六家电台十九个频道，每天平均播出十个小时，收听范围涵盖台澎金马、大陆、北美等地。

二〇〇五年九月，因应时代潮流，全新的“大爱网络电台”开播。收听大爱网路电台有两种方式，一种是线上收听，另一种是随选收听。线上收听部分，一整天皆可听到即时播出的节目内容。随选收听部分，则不受时间限制，不论什么时刻都能点选想听的主题。另外，只要点选“录音室实况”就能看见主持人、来宾，在录音室里现场互动的实况；也可以和其他听众朋友一起聊聊天，在空中沟通与交流。慈济世界广播历经转型改版，新形态节目受到许多听众朋友的支持与鼓励，更感动的是，许多慈济人为了收听大爱网络电台，开始学习使用电脑、上网。

从文字而音声而影像，从平面到立体，从深缓到立即，慈济的人文传播，随着现代资讯媒体，多层面，入人心。证严上人以“水”比喻人文工作，他谆谆叮咛：“人文工作的重点目标是‘净化人心’，这是永远不移的使命！而慈济人文工作者，应致力于探讨及阐扬慈济人事。重点不在我个人身上而是全球慈济人，因为师父的一句话，即起而行动，并且做得无怨无悔；如此多人的心贴在一起，向同一个方向转动，这就是‘转法轮’。”

用人间爱与光明来转法轮，用传播媒介来转法轮，证严上人转动着一个媒体观点，传播“真”的讯息，透过“美”的做法，引导人“善”的方向，当社会风气混浊如污泥，当慈济人用心在污泥中耕种一池莲花，“慈济人文工作者，应该认真地描绘这片莲池净土，带动社会大众一起来建立清净祥和的社会。”

触觉说法静思堂

文字写的历史，音声写的历史，影像写的历史，这种种有声有色的历史之外，证严上人更用一座建筑写历史。

超过十五年的动工时间，这栋建筑神似静思精舍，它叫

“静思堂”。

一九八六年八月十七日，慈济医院落成启业，同日，静思堂动土典礼；两年后的四月二十三日，正式开工。

动土日，证严上人说：“这块土地上将建立静思堂，静思堂是慈济精神的堡垒，是一幢触觉说法的建筑。”

“触觉说法”一语，含蕴着证严上人的未来观，他认为，慈济人遍布全球，不谙中文的海外华裔愈来愈多，何况不同国家、不同种族的参观者，将来如何解说慈济精神？因此将文字形象化，无论任一国度、任一语言的人们前来参观，都能先触后觉。经云：“眼睛有八百功德”，透过眼睛感触形象，而觉知精神内蕴、领会佛法，毋需语言。

于是，十多年来寸寸铺陈，一座建筑慢慢浮升，证严上人说：“把理想交给时间。”

整座静思堂的精神中心，是挑高三十六米的讲经堂。

阳光晴好之日，正午时分，日照穿透天窗上的莲花与祥云图案，投射在讲经堂地面，以及讲台正中的“佛陀洒净图”上。

自然天光，仿如亘古佛光，辉映高达二十四点六米、宽一点六米的“佛陀洒净图”。图中佛陀突破传统形象，安然优雅，慈眼垂视，轻抚着旋转的地球，佛陀之教正在洒净世间。证严上人诠释构图深意："我希望用无声说法，让人一看到庄严的佛像，即有心灵上的感动与体会。创造出能象征当代佛教人文特色的佛像，是一分历史责任。"

这幅巨构由大陆画家唐晖绘作，朝鲜艺术家以三百四十万片马赛克拼贴完成。

屋顶白色弧形铝板上装置的数千盏光纤灯泡，透过明暗设计，呈现闪烁的星光与银河，犹如佛陀在星空下讲经说法的重现。经云："在此而为说法。"证严上人认为，佛陀在两千多年前的说法，虽现代人不及参与，但只要有柔和质直之心，依教奉行，就是听佛说法，就是见到佛的法身。

讲经堂的佛龛，来自大陆拆下数百年建筑的桧木。木材原是一位黄先生跨海到大陆所搜购，承担静思堂建筑的徐政夫听闻这上好木料，与他谈说间，黄先生觉得静思堂是一个历史性建筑物，于是欢喜出让。

森林中生长数百年，建筑中再经数百年，千年桧木制成佛龛，刨余的木屑都有千年的日光月华。证严上人运用这些木屑，封装于小袋、外悬两颗红豆，化为一只只小巧的"想师包"，用千年的吉祥祝福慈济人。

位于静思堂一楼的感恩堂，是缅怀十方大德仁风懿行的纪念空间。

地面栩栩如生的巨幅莲花瓷砖，是“福田一方邀天下善士，心莲万蕊造慈济世界”的呈现，慈济人坐于莲池海会上，用爱交织。

有一个创意这样在构思：一尊佛前，大众正在听经闻法，慈济人的名字及故事，以毫芒艺术镶嵌在图中。将来子子孙孙来到，只要走到图前，就慈诚号码或委员号码，一按，立即亮出一颗星，简历、投入过程、感人故事，一一罗列。大爱一生，是星上的光辉。

时空在这里凝缩。佛陀时代的星光投射于现在，现在的懿行是未来的星芒。

一座可阅读、可谛听、可观想的建筑，不以临摹仿古为尚，而藉慈济人事具象化，传扬佛教慈、悲、喜、舍入世精神，见证时代文化。沉浸其间，静中见思维。

姚仁禄认为建筑不断在发出讯息：“仔细把历史从头看一遍，上人在这栋建筑物上的投注，让我们看到许多启示。‘为佛教’，如果诠释成单一宗教，就把上人的心胸看得太窄了；‘为众生’，如果理解为现在这个地球上的人类，也把上人对时间的辽阔感想得太简单。仔细去体会上人所作所为，可以非常感动地发现，上人的‘为佛教’，是把佛教解释成一个非常宽阔的爱的表达；‘为众生’是把人类、动物、植物，过去来到这个地球、未来将到这个地球，甚至宇宙间发生的所有连结，都以十方诸佛的慈悲智慧，共同为这个地球展开疼惜。”

妙手生华无声语

手语，起源于访贫。

当年，证严上人发觉贫户中有听障人士，但碍于沟通导致无法彻底关怀，因而推动慈济志工学习手语。妙手生华表情达意，无声的世界仍旧可以很美，于是在一九九二年三月成立“静思手语队”。从此，每有活动，慈济歌曲边唱边搭配手语，久而久之，形成慈济固有的人文。

之后，立定姿态又发展出变化队形、优美身姿，进而诠释经藏，融合音乐、手语、歌唱、默剧、舞蹈、投影，整体呈现为大型演出。近年来从《三十七道品》、《父母恩重难报经》到《药师如来十二大愿》，每每吸引踊跃观赏人潮。

如此丰富的创造，来自于一个最原始的初衷：沟通。

二〇〇三年的《药师如来十二大愿》音乐手语剧，由慈济基金会副总执行长王端正作词，声乐家郭孟雍谱曲，慈济委员吕秀英编导，殷正洋演唱。全剧长一百分钟，分别为序曲、因缘、十二大愿、终曲、谢幕等十六个单元。

演出人员近一百名，皆是慈济委员、慈诚队、慈青及几所大学舞蹈系同学等，其中不乏企业界人士，一起为筹建台北慈济医院共襄盛举。

全剧以《药师经》为蓝本，依药师如来所发的十二大愿，透过剧情呈显人生百态，让大众反观自照，远离诸苦。证严上人提倡药师法门，乃因天下多灾难，灾难是众生共业而起，共业则由人心所造。贪瞋痴慢疑导致人际冲突、家庭不睦、社会明争暗斗、国与国相互摧毁。《药师经》疗治众生心病，化解冲突纷争，助益人类和平。

声光之中是经典

除了经文宣讲，音乐手语剧是证严上人用另一种方式在说法。编导吕秀英说："慈济透过不同的法门接引大众，观众在欣赏中了解这一部经，感动或落泪，忏悔或反省，在那两个小时里，虽非深入经藏，但当下的心是善的。"

吕秀英的专业领域本在服装，证严上人开发了她的编导潜能。

每编一部剧作之前，她遍阅相关经典，尤其熟读证严上人的讲述，深深思维个中精神，细细感受王端正的词、郭孟雍的曲。然后，化为舞台情境。

铺排出感人至深的画面，许多人问她，去进修了，还是去百老汇观摩充电？“没有，上人的开示，每一句话，就是一个画面。随着经文走进去，随着画面走出来，深入浅出搬演到舞台上。”

吕秀英导戏严格众所皆知，带领近百人的演出团队，她谨记证严上人的一句话“信己无私，信人有爱”。演员如此认真投入，她说：“因为，大家都很爱慈济，都能体知上人藉表演净化人心的用意。只要能把佛法透过舞台形式呈现给大众，再累都无怨。”

曾经为了一个合掌跪下的动作，排练两个小时。一人失误，全体重来，频频屈膝，一再练习，演员跪到双膝淤血，有些荣董已上年纪，仍无一句怨言。

第二天，有人抱来一箱护膝，每人一套衬在膝上，拉下长裤，若无其事。大家还暗暗窃喜：“导演不知道！”

其实吕秀英早就看在眼里，那一刻，她好感动，但没有说破，“不讲开的美，更美。”演出之所以动人，“就是因为这股凝聚的向心力与默契，后台的感动，每天都层出不穷。”

最难忘的四天

《药师如来十二大愿》是吕秀英编导的第四部经典。再回顾第一部创作的《三十七道品》时，吕秀英才发觉证严上人的包容度很大。“那时我初次编导，上人频频赞叹，我的信心来了，之后的两部经，也屡获好评。所以，直到我编成《药师如来十二大愿》，我都自信满满。”

公演前一星期，趁着周日，吕秀英带着大队人马返回花莲，在证严上人面前先行演出。演完，证严上人告诉她：“不对。”

那一刻，吕秀英全身冷汗、手脚冰寒，完全无法想象怎会如此！

她当下决定所有演员下周五、六、日三天花莲集训，她自己要在四天里全面重编。但她实在怀疑，半年编制的内容真能在四天里翻修成功吗？

“回到台北后的那四天，大概是我这辈子里最难熬的一段时间。”吕秀英道出心境。

她一再重编，一再删改，一再自问：“这样可以吗？”

三天过去，没有一段自认满意。就剩一天了，怎么办？

她无法入睡，无法专心，吃饭时伸出筷子忘了收回，进到浴室不知道要做什么，眯一下眼随即惊醒，她心中喃喃："再一天，近百个演员就会在花莲等我，我要给人家什么？"愈急，愈是编不出，编不出又更急，她全然慌乱了。

三天来的自我要求、自我否定、挣扎、煎熬，仿佛就快崩溃。吕秀英冲进浴室，把SPA水束开到最强，音响转到最大，在轰然冲击的水中、音乐中，她放声嚎啕大哭！

半个小时后，出来。

心很静，在"赞仰三宝"乐声里，慢慢思索证严上人当天提示的几个重点：简明、有力、透彻。

吕秀英回忆："上人认为药师佛的大愿，是极有力量的，若能在每一个愿的结尾，强化力道，观众就能清清楚楚感受这个愿力的意义。再者，药师琉璃是非常透彻的境界，必须表现出那种明净感。其实，上人那天看我那么沮丧，已不忍加诸我太多负担，他永远可以看到一个人的内心。但光是几句话，就囊括了两个小时的舞台精华。"

经过一番淋水倾泄，经过一番静体师心，吕秀英对经藏有了深一层的领会，编得顺畅，一天完成。

四天编写，瘦了一圈；三天导戏，演员歇息了，她还一再思维整体架构。这等投入，大家看在眼里，向心力更凝聚。

经过这场淬炼，吕秀英感受深邃：“我发觉在上人身边，走得愈近，感觉懂得愈少。以前我编《三十七道品》、《父母恩重难报经》，多么自信满满，而今，愈来愈不敢洋洋得意了。我想，慈济人每能从非专业臻于专业，就是一路被赞叹上来，然后，在真正将成气候时，开始受到上人的锻炼。”吕秀英幽默地念了一段慈济名言：“慈济有很好的人文，可是也不断在变化，接到变化，我们要将它消化，消化之后，还要美化，让人文深度化。这就是大家有感而发的话。”

人品典范，文史流芳

现今社会病态丛生，导致“文化”失去品质标准，如年轻人视染发、穿鼻洞、舌洞为潮流时尚，在盲目追随“潮流文化”里丧失了个人应有的自尊和品格。因此证严上人期许慈济人应蜕去“文化”外衣显其精髓，付出“真”诚，共行“善”事，如莲花散发道德清香，以“人文”清流引导众人回返真实之路，到达“美”的成果。于是在二〇〇四年十一月，将原有之“文化志业”，涵盖文字、声音、影像等范畴，蕴含慈济人文精髓，更名为“人文志业”。

证严上人诠释“人文”：“人是人品典范，文是文史流芳。

为什么不说‘文化’？因为社会潮流也可称为文化；在社会多元的变迁下，不一定所有的文化都是美善的；而人文衍生的不仅是生命的精粹，人格的升华，也是慧命的成长。慈济人透过慈善、医疗、教育、人文四大志业，以及国际赈灾、骨髓捐赠、环保志工、社区志工八大法印，在爱的付出下真实地展现了‘慈济人文’。慈济人文呈现的是做了才说，说了就不断地做，‘做就对了’的典范！”

慈济人文志业，融合中国传统文化，为时代见证好人好事，创造爱与善的循环；肩负“为心灵净化作活水、为祥和社会作砥柱、为闻声救苦作耳目、为颠狂荒乱作正念”的任务。而慈善、医疗、教育三大志业终极目的，亦在提升生活品质、净化人心、光明人性，因此，慈济四大志业中均蕴含人文。

以人文关怀融入医学教育而言，慈济大学大体人文典礼充满感恩尊重的过程。《华尔街日报》在二〇〇九年四月加以报导，引起全球读者广泛讨论。这份具有国际影响力、每天拥有两千多万读者的报纸，在其世界新闻版中以斗大的标题“Poems and Tears for ‘Silent Mentors’ Spark a Surge of Cadavers in Taiwan”介绍台湾慈济大学的“大体老师”，除了长达一千多字的报导外，并且可以从网络上看到三分钟的人文典礼影片和照片。慈济大体人文典礼受到国际媒体的肯定，模拟医学中心曾国藩主任表示，诚正信实，做该做的事，用心就能落实医师人文涵养及视病如亲同理心的培育。

慈济曾被公开称许为“世界最有价值的经验”，证严上人说：“生活的价值与功能是由社会每个人共同成就的，在在值得我们感恩与尊重；要感恩、尊重，内心必先存一分真诚的爱。呈现出‘感恩、尊重、爱’的人文精神，才会有更丰沛的美善历史流芳后世。”

克己复礼，民德归厚

展现人文之美，重要的是一个“礼”字，从二〇〇七年三月起，慈济推动“克己复礼”运动，希望找回人与人之间相互尊敬、以礼相待的人文精神，共建有理、有礼的社会。证严上人说：“欲‘复礼’，当先‘克己’。人人从自己做起，净化身心、重视家庭伦理；从‘家庭之礼’推及邻里社区有礼，进而普遍到整个社会，洋溢礼仪之美。”

证严上人认为“克己复礼”首重在于“克己”：“先从我们自己做起，要好好净化自己的身心，想想自己有没有迷失在现在纷纷扰扰的生活中？自己待人处事有没有失礼呢？”证严上人诠释，礼，就是道理；心中没有理，行为就无礼，以致无理取闹，使社会乱象纷纷。"有些人习气使然，容易发脾气。'克己'即包含克服脾气、克制性情；此外，还要节制欲望。"

当今地球生病，环境危机重重，反映的是人心失序、放纵私欲，因此行为失礼造成对大地的破坏。证严上人慨叹现代社会丧失"礼"，在此时提出"克己复礼"运动，期勉慈济人由己身做起，向外推动。以"克己"为内修，管束、克制自心，对人、对环境展现正心诚意，克勤克俭，回归素朴生活；同时以"复礼"为外行，形成人与人相互尊重的和谐关系，也彰显人与环境的共容与相互关怀，减缓对空气和水等生存资源的污染。

证严上人强调"克己复礼"是运动，不是活动；是长跑，而非短跑；"有礼真好"不是口号，人人皆有责任。不要因善小、力薄而不为，众人齐心，力量就会大。"若人人都能'克己复礼'，则'民德归厚'，相信天下就能太平了！"

慈济人文阅读中心

慈济人文志业中心致力推广人文深入社区，第一处"慈济人文阅读中心”于二〇〇八年六月在台北三重正式启用后，陆续又有台北松山、新店、屏东、新竹、台中丰原……等多处设置，如同一座座小书店，提供好书给社区民众长期阅读，作为提升知识与心灵的优质场所。

人文是心灵工程，必须不断向前精进。

二〇〇九年，台北味全总公司正式成立“慈济人文阅读中心”，这是第一个企业将慈济人文长期进驻，让同仁能身处道风德香的环境。慈济人文志业推广部经理方明珠表示，“慈济人文阅读中心”的推展，是要深耕社区，扩大人间菩萨招生。然后将慈济人文落实到日常生活中，找回纯朴感动的那颗心，使人心净化、社会祥和。

第十七章

环境保护

人是一个小乾坤，地球是一个大乾坤，
无论人的身体或大地万物，
希望健康、四大调和，必须从心调起，
环保就是大地的调养、心地的修行。

一九九〇年八月，证严上人应吴尊贤文教公益基金会之邀于台中演讲。讲座中他提及“用鼓掌的双手做环保”，倡导垃圾分类、环保回收、爱惜资源观念。有位年轻女孩立即付诸行动，呼吁邻居将纸张分类回收。她将回收所得捐作爱心基金，从此，垃圾变黄金、黄金变爱心的善行，从慈济团体中热烈传开。

从第一双手到千万双手，起动于证严上人的一场演说。而当时，台湾社会的环保意识尚未抬头，慈济志工已弯身低头，在大街小巷，做垃圾分类，做资源回收，向大地，预约人间净土。

天灾来自人祸

台风来袭，土石崩流，台湾山地皮肉剥除、脊骨断裂，“所流下的土石正是山的骨肉啊！”证严上人仿佛触到了大地的伤口。

全球人口增加，汽车排放废气，冰箱、空调释出化学毒素，大环境的热度升高，温室效应产生。温室效应使南北极冰雪融化，为二十五万年来首见，于是海平面涨高，地平面下沉。

英国海岸线侵逼陆地，淹没岸上人家。三万六千平方公里的台湾，就有六百多平方公里下沉。连喜马拉雅山也陷落了数公分。

臭氧层的破坏，皮肤癌和白内障的罹患率增加。

沙尘暴引发呼吸系统疾病，更严重的是，滚滚沙尘漂洋过海含带的病菌，使加勒比海贝类大量暴毙，英、韩两国发生猪只口蹄疫。

因为人类饲养牲畜、大量使用纸张，急遽砍树而未栽林，水土无法保持，大雨一来，土石千军万马狂奔。

证严上人谈到这些现象，慨叹这是一个体力透支的地球，已经开始在老化，而且正在发烧，罹患了“多重器官衰竭”。

旱灾、水灾、火灾，证严上人说：“天灾，都是出在四大不调。天地之间，为什么会有这样的四大不调呢？没有人会想到，天灾都是出于人祸，因为大自然的环境是人所造成。”数十年的物质贪欲，不断污染土地，往下污染水质，往上污染空气，累积成危机，是众生共造的业力。

恶业转善业，证严上人认为“调养地球，人人有责”。人是一个小乾坤，地球是一个大乾坤，无论人的身体或大地万物，希望健康、四大调和，必须从心调起，他说：“要影响天地，先影响心地。”环保就是大地的调养、心地的修行。

做环保是真修行

宜兰礁溪有一位百余岁的人瑞张林蕉阿嬷，自九十岁开始投入环保。虽然一生没有受过长期正统教育，但满腹学问，且能即席吟歌作对。她的先生是医师，邻里大大小小都称她“医师娘”，是地方望族之一。

开始投入环保时，大家十分不解：“医师娘为什么在捡垃圾？”

儿孙一直非常反对，但阿嬷告诉他们：“我是在惜福，做人要惜福。”

因为阿嬷的坚持，社区被她感动，家家户户都做环保，还带动许多大老板、企业家夫人和年轻学者一起投入。

慈济志工对她说：“阿嬷，你真棒！能带动整个村庄的人都在做环保。”

她语声坦朗：“是啊！那些都是我的环保信徒。”

她常说自己的长寿之道是：“少欲、知足、生活简单。心中有爱，我们爱人，人就爱我们。”

证严上人感受到她那样的力道，赞许这位老人家：“不但脑筋清楚、眼睛好、耳朵好、说话段落好，并且身手矫健，穿梭在人群中，都不需人扶。还是这样伶俐，真的很令人羡慕。老了若能这样，的确是时间没有空过的人生。”

一百岁的老人，一个人可以发挥一千只手的力量，来呵护大地。人瑞不老，地球也可以长青。

关渡一位七十多岁的环保志工，视线只有一公尺，总是背着一个孩子。

这孩子并不是她家的。原来，有一位年轻妇人很想投入慈济，但碍于孩子小，跨不出脚步。这位阿嬷告诉她：“你那么有心，尽管去吧！孩子我帮你照顾，你就专心做慈济！”

除了带这孩子，她还做环保，当大家集中资源回收品时，她就用手摸着做分类。她的双眼只看得到一公尺的地球，但她的心眼看到了地球的千万年。

有一位老董事长夫人，儿子为她买了一辆奔驰轿车，还雇了司机全天候接送。每到黄昏，她就对司机说：“车子开出来吧！”一上车，直驱环保回收场。因为她的带动，一些高阶主管级的人，也一下班就集中到这里，戴起手套做垃圾分类，将可回收的资源捆一捆，就用奔驰车载去卖。

她的司机说：“我们老董事长夫人，每次都要我载这些纸板去卖，有时候还卖不到二十元。但是，她每天都做得很欢喜。”

这位老夫人曾听证严上人说过“富贵学道难”，就说：“我可不要这样，这会障碍自己的道业，我要借着做环保、资源回收来修自己的心。”

慈济人常言“垃圾变黄金，黄金变爱心”，垃圾能变多少黄金并不重要，黄金变爱心，心净国土净，是内外皆修行。成千上万的环保志工，散布各地，证严上人称呼他们是“拥抱大地的菩萨”，在街头或巷尾“老实修行”，以实际行动净化地球。

“做环保是真修行，必须能不畏脏臭、甘之如饴，这就是去我执、灭我相的修行最高境界。”证严上人将环保工作视为现代法门，由此入门，进趋佛道。

让物命不断复活

地球，因破坏而绝望，因疼惜而充满希望。

以大高雄地区的环保工作为例，平日在街坊邻里回收的纸类，单一年就相当于十一万棵树。救了十一万棵树，那是多大的一片森林。

根据统计，全世界在一年当中，必须砍伐数十万平方公里的树木，相当于地球森林总面积的百分之五，长此以往，地球上的森林还能砍伐多久？

其实自古就已提倡再生纸，名之为“回魂纸”，一张纸死而复生，森林也就免于大量砍伐。树木茂盛，涵养水分于树干、树根中，遇到干燥天气，自然把水分散发出来，保持生态的正常湿度，同时护住土壤。

珍惜物命，循环使用，资源就能源源不绝。

每年的岁末祝福必须发送大量的福慧袋，二〇〇三年八月，证严上人向慈济人提及，有没有可能运用布匹裁余的“布头布尾”缝制？让这些无法再用、舍不得丢、囤积仓库的小碎布，再次发挥功能。于是，从八月到十二月，慈济人就以纱质布料制作了五十一万个福慧袋。纱质布料十分轻滑，裁剪不易，有些更须耐着性子，一条条慢慢接补，才缝成一个福慧袋。高度耐心、信心、细心、恒心、用心地投入，证严上人称之为“五心级”的福慧袋。

高雄环保志工不忍心老人家们蹲在地上做分类，累得站不起来，因而研发了一套自动输送带，轻轻松松站着就可进行资源分类。其中，电线回收价格若是十一元，剥掉外层，里面的红铜线则价值五倍。因此在环保站内，许多老人家围坐一处，用锐利的小刀片在刮削电线外层。为了确保老人家不致划破手指，高雄慈诚队再度发挥“用心就是专业”的精神，研发了一部机器，只要将电线放进去，塑料与红铜线就会自动分开。证严上人赞叹高雄环保站高科技、高人性化的设备，真正发挥了惜物爱人的精神。

日光遍照

日光，是大自然无限量的赐予，尤其是向阳的东部，日照充足，将太阳能转换为电能的思考，慈济在一九九九年即开始研发于路灯使用。

二〇〇二年，慈济基金会营建处就太阳能路灯的设置，进行了持续八个月的观察记录，包括稳定度、阴雨条件下的亮灯天数、最高聚能方位等。耗能低、使用时间长的LED灯泡，让营建处自行发展的灯盏，成功地竖立起来，全面使用于慈济医学中心停车场。

“感觉就像一朵莲花。”营建处主任林敏朝这样形容太阳能路灯。这一朵朵莲花，同时也装设于慈济大学、技术学院、小学及静思精舍，引白日的光，在夜晚开放。

太阳能对于水的应用，最典型的就是“热泵”。原理在于，当太阳照射到地球，空气中的微粒吸收了热量，透过热泵，将空气中的能量再加以转换，加热水温。依据能量不灭定律，吸收热量时，一方温度上升，另一方温度必然下降，因此，高温处用做烧水，低温处就供给冷气空调。热泵最大好处在于，付出一单位的电能，可产生三单位以上的效率。

热泵的引进，起于证严上人的安全考量。传统蒸汽锅炉使用煤油燃烧，不但有潜在爆炸的危险性，也会排放二氧化碳。当时全台就有几则锅炉爆炸的新闻，证严上人在一次会议中，提到了“不使用锅炉”的期望。

然而，全台医院都是使用锅炉，营建处要在既定的惯性中开创，林敏朝说：“上人每点出一个问题，都不是很快就能解决，从观念到具体行动，要去突破现状、创造新价值，常常几经转折。”

终于，热泵系统开始运用于关山慈济分院。由于地处偏远，热水器的开启、关闭、加油、维修等工作较难全天候顾及，为了供应病患沐浴热水，于是设置了一部热泵。经历春夏秋冬四季，成功地全年运转正常。

在慈济广泛应用太阳能对水的热泵同时，营建处人员从医院及学校机房的热空气，又触发了新思考。一般机房温度超过四十三度，机械折旧快速，传统作法是输送冷气予以降温，但营建处有新点子：不断吸收机房的热空气，作为热泵的热能来源，效果很好。排出的冷空气也设置了风管，输送到电梯间、学生交谊厅作为冷气来源。

台大机械系能源中心主任前来参观时，对慈济运用能源到如此精算程度，着实吓了一大跳。

证严上人说："在大自然中，太阳有太阳能，空气有热能，水资源更能循环使用。这都提醒大家，大自然现象蕴含的道理不但很科学，也很环保，只要多用一点心，动一点念头，环保生活并不难。"

从一个水盆开始

长期以来，证严上人在净手用水上，已习于摆置水盆回收，作为冲厕之用。如此对水资源的珍惜，启发了营建处一系列对水的回收措施。

一九九八年初，慈济赈灾团自甘肃返台，向证严上人及志业体同仁进行报告时提到，甘肃居民为了尽可能获取水源，甚至用塑料布铺在地面，收集从地表蒸发的水汽。而当地人所谓的贫富程度，不在养了多少牛羊，而在拥有多少水窖，或是水窖里水量的多寡。

正在做报告之际，花莲大雨，倾盆而下，志工有感而发，甘肃全年雨量不及花莲一天所下。证严上人以此喻示慈济人，天然的雨水资源要好好珍惜；同时指示营建处同仁，找寻善用雨水的方法。

座中的林敏朝深有感触，很巧的是，数天后他听到一则讯息，工研院节水团正在推动雨水回收，他立刻联系承办人员。数月后，营建处便在证严上人的观念前导、副总执行长林碧玉的支持之下，朝着最符合经济效益的方式，规划志业体的各项节水、回收再用设施。雨水回收系统，也在政府经费支援之下，完成工程，而且成功运作。

九二一地震后援建的希望工程，大部分学校都设有雨水回收系统，期待带动“资源多次利用”的环保理念。这一推广，让“经济部”“水资源局”甚觉欣慰；而且透过大爱台与出版刊物的呼吁,大众的节水观念提升,在近年全省枯水的状况下,益形重要。

其实,雨水回收早在静思精舍增建时,证严上人即已纳入考量。

有一天,证严上人巡视工地,当时作为承载整栋建筑物重量的筏基已经完成。他问施工人员:“接下来的工程是什么?”

“师父,等一下要将土回填。”

证严上人不解:“为什么要回填?”

施工人员回答:“这样才能增加房屋的重量。”

证严上人当下表示,将土回填如果只是增加房屋重量,不如将它设计成回收并储存雨水的空间,如此一来,不但可达原本目的,回收的雨水也可用来浇灌花草树木。

让大地有呼吸空间

绿建筑或绿营建的概念,强调的是人类在地球上的建设,应该以最少的资源来从事,让周遭的动植物、空气、水源、生态永续运行。林敏朝提到:“绿营建的精髓,多年来,我们一直多方面执行。在上人明确的指示下,慈济建筑的共同特色就是绿地,植栽草树,让雨水渗透入土,维持基地保水。”

在建筑物配置上，证严上人重视自然采光与通风。采光良好，就能节约电灯耗能；通风舒畅，就能减少冷气使用，让人与大自然相处。

有一回，证严上人在静思堂周边巡视工程，行走之间，他对林敏朝说：“阿朝，我希望路面不是这样的黑色，要自然的色泽。”

这一句话，让林敏朝陷入长考。他知道证严上人所指不只是在颜色，还有颜色之下的内在结构。然而，路面通常都是黑色的沥青混凝土，除此，就是如飞机跑道的钢筋混凝土了，但证严上人说：“也不是。”

找不到答案的问题，一直悬在林敏朝心里。

有一次在大林慈济医院工地，正是黄昏时分，阳光已斜，尘土飞扬间，林敏朝突然闪过一念，路，既不要沥青也不要水泥，那就找一个东西来铺，他想到了连锁砖。

他找来各种不同材质、大小、形状的连锁砖，铺在大林慈济医院的工地上，让重车压碾，做受力测试。压破一种，再换一种，一直试到工字形连锁砖，压不破，就是它了！

就力学而言，工字形有互相牵系的力量，就意义而言，形如手牵手有合心协力的象征，证严上人一看，“这样好，就用它。”铺上去，能渗水，大地可以透气呼吸。

九二一地震后，证严上人一直提及一个观点，“大地是大乾坤，人体是小乾坤。”人的皮肤能在炎夏正常排汗、宣泄体热，寒冬吸收热能，便不容易感冒生病。大地亦同，如果地表都被水泥及柏油覆盖，水分不能回流入土，地底热气无法向外宣泄，不能自然发挥呼吸、排水、散热，难怪大地会震动。

于是在兴建大爱屋时，为了要让大地有呼吸的空间，并能于三年后干净无损地归还，证严上人坚持铺设连锁砖。

“让大地有呼吸的空间”观念在开始倡导时，证严上人虽不确知是否符合科学，“但不论是否科学，却是安心。安心就是环保，安心就是科学。”

“台北科技大学水环境研究中心”的教授们，曾特别针对连锁砖与水资源回收的议题进行研究，证明连锁砖的确可让大地有呼吸的空间、水资源获得循环，而且，连锁砖可以回收再用，的确十分环保。

环保之路，行行重行行，面对证严上人所交付的任务，林敏朝说：“困难是逆增上缘，永不放弃的坚持，因而与许多专家一见如故，共同为一个理想而努力不懈。这个社会其实不乏充满傻劲的人，一路走来，并不寂寞。”

【卷五】

传法脉，立宗门

连结世界之心

二〇〇六年十二月十六、十七日，
慈济基金会志业体举办
“传承静思法脉，弘扬慈济宗门”精进二日。
证严上人开示“慈济宗门”已经树立。
慈济宗由“静思法脉”及“慈济宗门”二者架构组成。
静思法脉是理相，是精神内涵，
是证严上人的思想、法髓及行仪风范；
而慈济宗门是事相，是具体实践之志业，四大志业八大法印。
证严上人创造的现代佛陀，不是坐着接受膜拜，
而是立着，动着，有琉璃的光，在宇宙间圆润着。

二〇〇六年五月，慈济创立届满四十周年，就像一年的春夏秋冬四季，慈济的慈善、医疗、教育、人文四大志业，已圆满了第一个年轮。

第二个年轮启始后，二〇〇六年十二月十六、十七日，是慈济至关重要的历史时刻。这两天，慈济基金会志业体举办“传承静思法脉，弘扬慈济宗门”精进二日，圆缘时，证严上人开示“慈济宗门”已经树立。并于十八日志工早会向全球慈济人正式布达。

三大因缘成熟，开启“慈济宗门”

“静思法脉，慈济宗门”，是自证严上人开始做慈济的第一天，即点点滴滴不断酝酿；而立宗时机的成熟，则在“志业体同仁精进二日”、“立体琉璃同心圆”、“来不及了”这三大因缘。

“来不及了”的感喟，是证严上人眼见地球崩毁、资源快速减少，必须赶快净化人心、向全球呼吁伦理道德的观念。好人多一点，地球毁灭的速度会慢一点，慈济人就是要争取这些多出来的时间。

“四法四门四合一”架构中，“立体琉璃同心圆，菩提林立同根生，队组合心耕福田，慧根深植菩萨道”是“四法”；而依功能职责所分的“合心”、“和气”、“互爱”、“协力”四个队组，合心总持门、和气和合门、互爱观怀门、协力力行门，则为“四门”。

分而为四，合而即一，证严上人强调人人平等，没有上下、前后、高低，“就如文殊菩萨是七佛之师，曾是释迦佛的老师；而当释迦佛在娑婆世界成佛，文殊菩萨又成为释迦佛座下。地球是圆的，希望慈济人都在立体同心圆中，相互感恩、成就与提携。”

“合心”有如树根，深入土里吸收大地水分、养分，向上输送滋养整棵树，是为“总持门——总一切法，持一切善”。佛陀开启一切善法，如是因、如是缘、如是果、如是报，能知悉因缘果报之理，明辨是非善恶，即“总一切法”。知是非善恶，择善而固执，有正知正见，即“持一切善”。

“和气”有如树干，承接来自树根及枝叶的养分，上通下达，是为“和合门——和圣贤心，合菩萨道”。将凡夫心与佛心和合一气，如轨如法走在菩萨道上。

“互爱”有如树桠，共聚在树干上，善自汲饮滋养，也分享给被覆广大的叶丛，是为“观怀门——内观自在心，怀抱众生苦”。向内观照自性，清净稳实，不被世间繁杂形色污染，才能向外伸手，怀抱众生苦难。

“协力”有如树叶，叶片向天伸展，阳光雨露下，光合作用纳垢吐新，滋养回馈枝干根柢，是为“力行门——力持诸善法，行遍人间道”。以大慈悲为室，身体力行第一要，走得宽，走得长，让佛陀教法遍人间。

从树根到树叶，名称各异，但同在一棵树中；不论何种功能，慈济树中同一师门。证严上人强调，队组编制“合心”传承、“和气”布达、“互爱”规划、“协力”执行，团队运作环环相扣。

每一个人都在琉璃圆中，每一个人也都在菩提树里，“四合一”，既是功能职责，也是修行法门。合心、和气、互爱、协力，队组以此为名，虽然不离人间化的外相，但也内蕴精神面的象征。慈济精神藉由组织架构的运作来传承。心能合，才有力量，所以“合心”与“协力”是一贯的；“和气”与“互爱”适时关怀及提供协助，让“合心”与“协力”运转无碍，就是“立体琉璃同心圆”。

在“志业体同仁精进二日”中，四大志业体主管及同仁等八百多人齐聚一堂，除了静态课程外，礼诵《法华经序》的音律、唱诵遵循丛林道场早晚课，代表承继传统。之后在精舍常住师父带领下，齐诵“静寂清澄，志玄虚漠，守之不动，亿百千劫”，踏着平齐的步伐肃穆“绕法”，此则适应时代众生的根机，道气庄严。兼具遵从古礼与适应现代，证严上人欣言，此共修不同于传统佛教修行方式，而是深入“静思法脉”实义，正式开启“慈济宗门”。

“静思法脉”内修诚正信实；“慈济宗门”外行慈悲喜舍

慈济人常被问及到底属于佛教的哪一宗派？四十余年来，全球慈济人在不同的国度、不同的环境中行菩萨道，人人都知道佛教有慈济，慈济是在佛教中，不只认定了慈济，也认定了慈济的法。慈济的法门已经十分明朗，不是“禅宗”，也不是“净土宗”，因为与众不同，所以吸引许多国家的学者来台湾以慈济为题做研究、写论文。

证严上人有感于一定要将法脉和宗门，透过有形的文字，把慈济制度，包括组织章程、传承方法、依据的佛典等等，系统化地确立清楚，作为未来的依据，这是能够巩固组织架构很重要的关键。

慈济宗由“静思法脉”及“慈济宗门”二者架构组成。静思法脉是理相，是精神内涵，是证严上人的思想、法髓及行仪风范；而慈济宗门是事相，是具体实践之志业，四大志业八大法印。

“静思法脉”内修四法——诚、正、信、实。诚、正、信、实，是每个人内在的道场，是自心的“内修”。以发自内心的真诚待人，处事公公正正，彼此具有正向的信心，做人实实在在。愿立信而无忧，志坚实而无求，内自诚而无悔，心行正而无怨。

“慈济宗门”外行四法——慈、悲、喜、舍。大慈无悔，大悲无怨，大喜无忧，大舍无求。

慈、悲、喜、舍，是佛陀的本怀，是慈济的“外行”。

慈，相应于慈善志业，落实“慈善国际化”，做到“大慈无悔”。

悲，相应于医疗志业，落实“医疗普遍化”，做到“大悲无怨”。

喜，相应于人文志业，落实“人文深度化”，做到“大喜无忧”。

舍，相应于教育志业，落实“教育完全化”，做到“大舍无求”。

活化义理，人间菩萨行

静思法脉开启慈济宗门、慈济宗门传承静思法脉，二者相辅相成，精髓全在法华部的《无量义经》。

证严上人说：“《无量义经》云：‘静寂清澄，志玄虚漠，守之不动，亿百千劫’，这是静思法脉，不仅要用心背诵，更要落实在日常生活中。从自我内修做起，心时常保持‘静寂清澄’——无杂念、清净的大爱、无染的本性，不要因外境纷扰、贪瞋痴等无明而染污。学佛、修行所追求的最大目标，就是要回归清净没有污染的本性。”

“静思法脉”从证严上人修行的小木屋开始，以《法华经》精神为旨，《无量义经》为修行主轴。四十年后，全球慈济人以佛陀精神及佛教形象，投入人群、利益众生，“慈济宗门”俨然成立。证严上人说：“‘无量法门，悉现在前，得大智慧，通达诸法’是慈济宗门。慈济人的修行方法是走入人群，亲自到苦难处付出、深入人群的心灵世界，透过他人不同的烦恼、苦难，映照出自己的幸福，或者学习他人的优点，吸收许多人生智慧，以修六度万行，这是真实的福慧双修。”

静思法脉“为佛教”，是智慧；慈济宗门“为众生”，是大爱，两者所本皆出自《无量义经》，活化义理为无数人间菩萨行，思想与实践解行互映，在苦难世间踏实耕耘大爱与希望的心田。

打破界限，连结世界之心

狄更斯在《双城记》中有醒世名言：“这是个光明的时

代，也是个黑暗的时代。”二十世纪的人类苦痛大过于前此的十九个世纪，慈济在二十世纪中叶出现，是证严上人以一个宗教家的悲智，在面对世界灾难、沉沦、失落时的回应与扭转，启动全球慈济人的心灵力量与行动力量，为世界带来抚慰、提升与希望。

证严上人如此领导慈济人一直在打破界限，生死的界限，地域的界限，种族的界限，宗教的界限，贫富的界限，人际的界限……

有人问，慈济为什么要救到那么远的地方？到底有没有持续照顾台湾？

证严上人说：“四十几年来，慈济绝对没有忽视台湾，只不过我们已经把照顾台湾视为理所当然，就像一日三餐那样平常。”

大爱无国界，帮助别人就是保护自己，慈济全球志工总督导黄思贤，诠释了爱的对流：“我们去祝福别人，别人也来祝福我们，祝福台湾这块土地。无形当中，我们是在回收别人的爱心。譬如九二一大地震时，有四十位土耳其人来帮助我们的救难队，这或许很多国人并不知情。土耳其前来帮助我们，因为那年八月十七日，土耳其大地震的时候，慈济在第二天就到了那个地方。”

赈灾脚步遍及全球的黄思贤深感："走遍世界各地，我看到很多苦难，但是，我也看到很多希望。族群的融合，宗教的互助，人类的互爱，是希望所在，上人一直强调去除分别心，才能真正天下一家。"

地球只有一个，种族共融仿如村落，人类本应亲近。

一九九八年，全美最大保险医院"夏威夷凯撒医院"（Kaiser Hospital）院长司马康（Bruce Behnke）来访慈济，拜会证严上人之外，也与慈青有一场对谈。

这群青年学子好奇他是天主教徒，为什么会进入佛教团体？他提及夏威夷多种族、多元化的社会背景，"就像在夏威夷的'慈济义诊中心'，有很多不同种族、不同宗教的人在那里服务，使用的语言有英文、中文、越南文、日文、乃至土语，还没有看到或听闻在慈济志工里，因为种族、宗教的不同而发生冲突。"

蝴蝶与龙卷风

慈济基金会宗教处主任谢景贵常以"蝴蝶效应"分享大家，"南半球一只蝴蝶扇动翅膀所带起的微弱气流，几星期后竟变成袭卷美国德州的一场龙卷风。"地球一气相连，因而即使只是一分善的念头，都有可能在人间发酵。

在一九七二年提出“蝴蝶效应”的美国科学先知罗伦兹（Edward Lorenz），以“混沌理论”闻名，他研究指出，“每个蝴蝶翅膀的舞动和每个人类活动，都会反应到全球天气中。”以此推而思之，萨尔瓦多的灾难、阿富汗的灾难、非洲的灾难、世界各地的灾难，怎会与同一片天之下的台湾无关？

谢景贵在一场演讲中，对慈济医学院的学生分享了这样的心情：“我知道要你们穿上制服、扣上扣子，非常不容易，可是你们都做到了。当你们在扣扣子的时候，当你们在把一双鞋子排好的时候，你们知道吗？我们在非洲的孩子就有一碗饭吃。这是有关系的啊！你们就是那只善的小蝴蝶，因为放下了自身的傲慢，收起了自我，缩小了自己，融入了一个团体，开始没有那个自我，开始有了这个团体，这叫大爱。你们选择了慈济大学，选择了医疗，选择了将来成为大医王，我好感恩，我也会做好我的本分事，我们一起来，来让我们的孩子有饭吃。”

水滴与海的关系

救了非洲，救了朝鲜，救了中国大陆，救到天之涯、海之角，“可是，台湾的某一个山上或海边，一定也还有一个阿嬷需要我们去帮助，对不对？”这是一个年轻知识分子向一位老委员提出的问题，他心里设定了老委员必定回答“对！”，然后他就要追问：“那为什么要救海外？”他想要知道，台湾或者海外，老委员怎么看待？

一个做了几十年慈济事的老委员，立刻回答：“真的？那阿嬷在哪里？我赶快去救她。”

多么纯粹的答案，年轻人好震撼。“她那一种回答让我惭愧极了。那是一种直心，只要知道有人需要，就去救他；只要听到有人没饭吃，就好想去帮他。她没有再问很多问题，没有任何迟疑。哪怕帮了之后，原来是孟加拉；帮了之后，原来是哥伦比亚；帮了之后，才知道是大陆。”

许多人在物质世界中已习惯区隔，慈济基金会发言人何日生对此深有感叹，他觉得，人被资本主义的框架给切割了、局限了、套住了。每一个人都变成了小单位，做着某一件事，是会计，或律师，或清道夫……在资本主义的专业架构里，整体不见了，而自我的小个体也落入消费的物质满足中，并没有回馈整体。何日生说：“当人们太被西方的文明给支配，人和宗教不相关了，人和永恒的生命不相关了，这对人是一个很大的伤害与悲哀。上人说过，不要单看个人，要融入整体，我逐渐体会到生命的本质是在团体中，就像水滴与海的关系，我这样确信。”

连结与穿透

科学家布侃南博士（Mark Buchanan）在著作《连结》（*Nexus*）里，清楚解释“小世界”理论，揭露了人际联系的根本奥秘。其中的惊人事实是，每一个人与美国头号通缉犯本·拉登（Osama bin Laden）之间，只隔了六个人的连结关系。

这六个人的连结是怎么计算出来的？假定每一个人大约认识五十个相熟的朋友，意即，第一层的连结关系是五十人，第二层就是五十的平方，两千五百人。继续连结到第五层和第六层时，数目分别是三亿一千两百五十万以及一百五十六亿两千五百万人。根据联合国统计资料，全球人口在一九九九年十月十二日达到六十亿人，也就是说到了第六层的连结，地球上的每一个人包括本·拉登在内，理论上都存在着某种关系。

这种“六度分隔”的连结关系，表达出的概念是，在地球上，不论是美国总统、威尼斯船夫、享有盛名的人、默默无闻的人，不论是生活在热带雨林的土著、南美洲火地岛上的居民或是北极的爱斯基摩人，每个人都可以透过六个人而拉上关系。

这是一个十分深奥的想法，但布侃南剥去了连结理论的复杂外衣，让人们看到，社会凝聚在一个简单的鹰架*上。这个新的世界观，凸显天涯若比邻背后运作的现象。也许人们常会说“他跟我八竿子打不上”，其实，只要六竿子就可以打到全世界每一个人身上。

连结的世界观，六十亿人只靠六条线就能通连。

慈济大学主任秘书洪素贞藉建筑指出：“注重空间的穿透性，是上人特有的空间美学。我们不希望学生视线所及碰到的是死角，而是一件艺术品，或者，是一个生命的延伸。唯有这样，才能从眼前的校园，看得见伊朗的苦难，才知道生命的本质本来就互相穿透。”

洪素贞在上课时，讲到庄子与惠施的千古之辩，“子非鱼，焉知鱼之乐？”她跟学生描摹了那个情境：“在春天的三月，站在桥上看到河流中的鱼，风在吹，柳在飞，水在流，鱼在游，如果你跟庄子一样有颗四通八达的心，如果当下你觉得很快乐，怎么会不感觉到鱼的快乐呢？因为你跟鱼是不分的。”

---

* 鹰架：建筑物及结构物建造过程中，为便于施工人员通行、搬运、立足的架构。常以竹材或钢材筑成。——编者注

人与鱼，人与人，可以穿透，用心，就能看到彼此。

人的互通之爱，透过建筑在潜移默化，洪素贞说："上人要让大家眼中有景。从我们眼睛前的一个小方块延伸出去，是和整个一大块连在一起。一个人的生命，又何尝不是跟天地大化、宇宙万物心心交融呢？没有一样东西是分开的，大家都彼此相拥。再进一步深想，人的一生连结过去累世累生，所以，生命虽有形体上的相隔，但绝对不能因而冷漠。要让学生了解这么抽象的理念，并不容易，但透过一个环境，让他们在其间俯仰、呼吸，很难没有感觉。"

景相连，地相连，心心相连，重重交映，天下一家亲。证严上人形容普天之家的感觉："我所感觉的家，是宇宙之间一家亲，是一种内心的贴切，层层叠叠地贴在一起的温馨。"

这样层层叠叠之感，证严上人把它表现在讲经堂"佛陀洒净图"上。长二十四点六米、宽一点六米的巨构里，身披袈裟的佛陀立于莲座，略微侧身，左手持钵，右手轻触地球，正在洒净、祈祝世界永保安宁。佛陀后方，若隐若现的佛像遍满虚空，剔透叠映在浩渺的宇宙间，三千大千世界诸佛无尽绵延。

无相不相，证严上人创造的现代佛陀，不是坐着接受膜拜，而是立着，动着，有琉璃的光，在宇宙间圆润着。

后记

画圆

潘煊

我看到一个圆。

从证严上人而慈济世界，圆，是我心中浮升的一个转动意象。

因为要书写上人，我有一些时间住在静思精舍里，随师，也随大众生活。对于一个文字工作者而言，这是我的全新经验。超乎言语访谈的单一模式，“采访写作”成为一种精神氛围的采撷、环境律动的寻访、观察体会的书写、心灵经验的作功。

写书，已不只是写书。

去年我第一次在静思精舍拜见上人时，向上人提及新书即将进行的内容与方向。当时上人赠我一只小巧精致的

“想师包”，内装的千年桧木屑是构筑静思堂的留香，外缀两颗鲜妍欲滴的红豆，布面上绣着两个字——“简单”。上人说：“希望你用简单的眼光看慈济。”

至今一年过去，我在这样一段时间里渐渐体会到的“简单”，就是一个最简捷的线条——圆。

慈济岁月周而复始，每一天，每一月，每一年。

每一天早课早会，转动的是全省慈济人回花莲的轨则。

每一月证严上人的行脚，是衲履足迹巡行全省的周期之约。

每一年岁末，证严上人祝福的脚步环岛一周。

这般的恒持圆转，内蕴的是悲智双运、旋动不已的精神力量。

有一日晚间，我回到静思精舍与大家分享心得时，即从这个角度谈及“圆”的体会。交流时间里有位师姊发言，她说，上午上人正开示了“立体琉璃同心圆”。就在那段时间里，我看到慈济志工组织的最新架构，出现了。

“立体琉璃同心圆”，是上人对于慈济精神的再诠释，更绵密地架构一向本具的“圆”动力，在组织模式上为未来立法，提携志工脚步转速更大。

上人与当今时空的关连，正是一个宗教家在面对人类灾难、沉沦、绝望时的回应与扭转，他以“圆”的组织架构与精神理念，启动全球慈济人的心灵力量与行动力量，期许为世界带来抚慰、提升与希望。

重返纯净心灵

静思精舍的数字会议室在每日上午八点半，准时进入录影，现场直播“慈济新闻深度报道”。有一次，正在直播时间里，我从数字会议室旁侧廊道经过，走到精舍后端的柴房，看到罗列齐整的木柴，突然有一种很大的感动。前面的数字会议室是如此先进，节目内容几秒钟之内即传送于全球；而后面的柴房又是如此古意盎然，它绵延的是几千年来人类用火的传统。

当“几秒钟”与“几千年”同时在精舍的空间里发生，实在是一个精彩的对比。

柴房里的木柴分类细腻，有生火用的，有小火用的，有大火用的。据我所知，精舍的菜肴都是烧柴烹煮；而沐浴用水，则来自太阳能加热。柴火是人类祖先最古老的用法，太阳能为现代的科学研发，而不论古老或现代，于此两个对比的方式上，慈济都在走着一个让地球回归纯净的方向。

佛陀的教育正是在引导人们重返纯净的心灵。

有一回，慈济小学的孩子们回精舍手语表演。那是一个周日的晨间，才从太平洋浮升的朝阳照入观音殿，四周流漾着淡金光泽。孩子们浸润在这般曦光里，仰着洁净脸庞，舞动可爱手姿，随着音乐，摇曳如一株株带露晶莹的稚嫩花儿。我因为座位正好可以观览全场，放眼望去所有的师兄师姊，他们注视孩子的目光、蔼然的笑颜，我至今难忘。那是许许多多嘴角上扬弯弯的弧，浮于空气中，如悬着的弦月，一弯一弯一弯绵延全场，好温婉。那一刻我觉得，真是天下父母心啊，天下的长者都是父母，天下的幼者都是子女，世界一家人，而这正是上人教育给慈济人的慈悲。

上人之教

写作期间，我曾到台湾的"国家戏剧院"观赏了一场舞蹈演出。从舞者的肢体表达、身形的线条、手指的动作，那跃动在空间里、流动在时间节拍中，所准确呈现的力与美，一直让我思及上人的教育。我觉得上人是一位教育家，他对所有弟子及慈济人的教育，总是在一个最恰当的时间点及空间点上，展露出睿智的力道，而且富于慈悲的美感。那场舞蹈，让我如此联想并体会了上人之教。

赶稿期间我常会感冒或犯点小毛病，上人屡屡关心："不要急，不要把自己逼得太紧。"

有一回我回到精舍，他看着我："赶稿，紧张了哦？"

"是啊。"我答道。

"那是谁让你紧张的？"上人目光深邃而慈悲："是你自己。"

的确是我自己，上人提点我的是，放松。

我一直抓紧，是因为值得记述的史事那么庞阔、动人的故事那么多，我老觉得这事没提及、那人没写到，是辜负其美好。然而一本书的厚度又怎能尽纳慈济三十八年的长度与深度呢？我终于必须在写作上，学习放松。而这落实于生活，更是心的放宽、气量的放大、眼界的放远之自我修练。

慈济因缘

在这一年，有位朋友提及慈济时对我的连续"三问"，让我觉得饶富滋味。

最早的第一问：听说，要一百万才穿得上那身慈济的衣服？我说，慈济照顾的感恩户有时日存五元、十元发心助人，也是慈济人。

后来的第二问：如果有人家里变故，怎么样找到慈济人开导？我说，社区志工就在邻里中。

最近的第三问：如何订购《静思小语》？后来朋友果真大量购进，分赠于人。

近距离接触慈济，我难以客观评分自己修学多少，但从朋友这“三问”，倒是看到了一个人观点的转变。慈济散发的感染力，让一个间接接触的人，也从中薰习，生起认同。我欣喜能以写书因缘，而将大爱精神，传述分享于人。

因为采访，我从许多慈济人的思维、言行里，读到上人的传记，那是真正铭刻不灭的传记。感恩这许许多多的晶莹，凝塑了这本书。在这本书里，我从慈济四大志业的角度绘写上人，而每一志业的时序之流，都循着一个圆的曲线在进行，从现今，而回溯最初，再嬗递至今，是这本书的圆形结构。

而我知道，更重要的是自心的圆形结构如何，一如上人以“琉璃同心圆”所期许于慈济人，一个作者的一路慈济因缘，我在这本书里，也在自己心里，画圆。

二○○四年七月于台北

附录

附录

证严上人与慈济世界大事纪

一九三七年

证严上人，出生于台中县清水镇，俗姓王，四岁过继叔婶为女。

一九四三年

中日战争。躲空袭见无助乡民祈求观音保佑，深烙菩萨慈悲印象。

一九四七年

二二八事件。路上看到有人因口音不对而挨打。疑惑人间为何有恨？

一九五二年

养母重病住院，发愿终身茹素为母消灾，折已寿为母添寿，连三日梦见在小庙内接受白衣大士赐药。后，母病渐愈，不必开刀即康复出院。

一九六〇年

六月，因养父猝逝，哀思难复，开始接触佛法，追寻生命的意义。经多日的深思以为固然"提得起菜篮"的女人是幸福，但是天下兴亡匹夫有责；又思及乡民每遭苦难求告无门时，总是祈求观音妈、妈祖婆保佑，可见女人不该划地自限，应发挥良能"提起天下的菜篮"造福苍生，才是不枉此生。

一九六一年

九月，带着一套破旧的《法华经》与修道法师两人相偕出走求道，落脚台东鹿野王母庙。十一月，移居知本清觉寺，养母及生父寻来，正式辞亲求道。十二月，挂单花莲东净寺，而后转往台东佛教莲社短暂弘法，应邀拜访信众王太太家，首次接触日文版《法华大讲座》（亦即"法华三部"），借阅期间，将其中《无量义经》译抄成中文。

一九六二年

随因缘再度来到花莲，自行落发，私淑许聪敏老居士为师，法名“修参”，并在秀林乡普明寺后方五十公尺处建一小木屋栖身，闭门潜修《法华经》，因没钱买花果供佛，故每月抄好一部《法华经》就燃臂供佛，回向众生，日子大约都在农历二十四日。

一九六三年

二月，赴台北求受三坛大戒，因缘皈依印顺导师慈座，获赐法名“证严”，字“慧璋”，承师训：“为佛教，为众生。”五月返花闭门潜修。十月移锡慈善寺，讲演《地藏经》近八个月，许多闻法信众请求皈依。

一九六四年

五月到基隆海会寺结夏安居三个月。九月解夏之后，适逢母亲生日，依约回丰原探母。中秋节过后返花，率大弟子德慈师回普明寺挂单，几位弟子相继来附结伴修行，开始“一日不作，一日不食”的生活；白天劳作，晚上教授弟子四书与佛典。

一九六六年

二月，上人原来打算离开花莲移居嘉义妙云兰若，却受到三十位信众联署挽留。又因探病时目睹原住民难产妇人的一摊血，以及三位修女来访的因缘，促使上人发愿以“集合五百人就是一尊千手千眼观世音”的精神，建立一个菩萨网，随处闻声救苦。四月，在普明寺正式成立“佛教克难慈济功德会”，六位常住众每人每天多做一双婴儿鞋、三十位信女每人日存下五毛买菜钱，每月集资一千多元，开始从事济贫救苦的工作。

一九六九年

二月在普明寺第一次办理冬令济贫发放。由于岁末严冬苦寒，有位信众购置数条毛毯，送来普明寺拟供养常住；上人念及贫困孤老者无依无靠，备觉凄冷寂寞，遂将之移作济贫，又添购数十条毛毯，决定办理冬令救济。并于发放当日备办素宴，提早与感恩户享用团圆饭，共度新春佳节。

一九七三年

九月，上人因见花东地区普遍贫穷，民众生病经常舍不得花钱就医，往往小感冒就延误成大病，遂在花莲医院数位医护人员支持下，成立“贫民施医义诊所”，每周两次义诊施药，并定期巡回花东地区举办义诊。直到一九八六年慈院启业为止，十五年之间，服务贫病超过十四万人次。

一九七三年

十月，“娜拉”台风对玉里以南到台东、大武一带造成惨重灾情。上人评估赈灾款需要六十万元，但当时慈济仅有十几万元基金，于是发动全体会员到街头巷尾去劝募。从实地勘灾到募款、筹集物资、造册发放，皆本诸“尊重生命”的理念出发，为后来慈济从事国内外赈灾建立了可以依循的模式。

一九七五年

委员仅五六十人，然需要长期关怀的照顾户已多达两百七十七户，上人因于访贫时发现感恩户的居住卫生普遍不佳，亟待清理。花莲师专明道社五十多位同学响应上人号召，利用假期，为行动不便或孤苦无依的老人打扫房屋，清洁环境，成为日后慈济人从事“居家关怀”的重要特色。

一九七九年

上人于全省联谊会正式发起筹建一座有六百床规模的综合医院。当时仅有委员一百多位，会员还不足一万人，从八千万元预算追加到八亿元，不仅委员觉得不可思议，外界也不免视如痴人说梦。为了筹募庞大的建院基金，上人必须每月奔波北上，借用委员家里轮流召开茶会，一为会员开示解惑，同时宣扬慈济建院理念，让会员欢喜布施。

一九八二年

上人发起建院后，感于培养良好医事人才的重要，而于一九八二学年度开始，委托慧炬杂志社代办“慈济医学清寒奖助学金”，每名两万五千元。一九八六年慈济道侣文化服务中心成立，即转由文化服务中心举办，同时增加佛学、艺术奖学金项目。

一九八六年

集合十方善心筹建的“慈济综合医院”落成启业，本着尊重生命的理念，除了病患住院免收保证金，贫困患者协助寻求社会援助之外，更不计成本致力提升医疗设备与技术，一改花东地区医疗荒漠的宿命。

一九八九年

以培育慈怀柔肠、视病如亲的白衣大士为目标的“慈济护理专科学校”正式创校开学。这是全国唯一由私人创办，但提供公费就读的护理专科学校，并于一九九六年获台湾教育部门同意，单独招收原住民免费生（完全免费就学，并提供生活费），使照顾原住民的愿望终于落实。此外，参与此次活动的“保全组”男众居士组成联谊会，并于翌年七月正名为“慈诚队”。《证严法师静思语第一集》出版问世，广受大众喜爱，另有英、日文翻译本及简体中文版流通。

一九九〇年

上人于台中新民商工演讲，提倡全民环保，与会民众听到精彩开示处，不禁报以热烈掌声，于是鼓励听众：“用鼓掌的双手做环保。”事后一位杨顺苓小姐即开始资源回收，并将资源变卖所得善款以“慈济人”的名义捐出。此为慈济志业环保脚印的开端。

一九九一年

募款援助波斯湾战火孤儿、孟加拉风灾水患灾民，踏出慈济国际赈灾的脚印。

中国大陆华中华东水患严重，上人发起灾后全面援助工作，并提出“直接、重点、尊重”以及“不言商、不谈政治、不刻意传教”等理念，成为慈济国际赈灾的原则。

一九九三年

上人秉承佛教“头目髓脑悉施人”的精神，经过九个多月的评估与求证，确认捐髓可以“救人一命，无损己身”，于是发起骨髓捐赠。九月，在“卫生署”及各大医院共同推举下，慈济成立“骨髓捐赠资料库”。

一九九四年

“慈济医学院”创校开学，上人期许这些未来的大医王“功能与良能平行，知识与智慧并重”。除了医学专业课程之外，亦开设花道、茶道、禅修、书法、艺术欣赏等人文通识课程，以及鼓励学生多参与社会服务。同时，在校方对“大体老师”人性化、尊重生命的处理过程，以及上人“生命只有使用权，没有所有权”的呼吁下，大步开启国人捐赠遗体的风气。

一九九六年

“贺伯”台风造成全台三十年来最大的水患，慈济人秉持“跑在最前，做到最后”的精神，在灾后半个月共动员上万人次投入救灾工作。上人除呼吁“救山救海”外，并推动“社区志工”理念，将慈济人依居住地重新编组，以落实“敦亲睦邻，守望相助”的目标。

一九九九年

三月，玉里慈济医院启业，降低南花莲地区“南病北送”的求医风险，并落实社区医疗照护，保障偏远地区乡亲的生命与健康。

台湾发生九二一集集大地震，台中、南投两县灾情惨重，慈济人将“跑在最前，做到最后”的精神发挥到极致，在灾变发生两天内投入两万余名志工救灾，发出紧急慰问金一亿六千万元。接着第二阶段安顿与关怀工作加紧展开，在政府提供的十七个地点兴建组合屋一千六百三十六户。第三阶段复健与重建工作，投入希望工程，协助灾区五十多所中小学校舍重建。总赈灾款预估八十亿元。所谓“菩萨从地涌出”，慈济人全力复健灾区的大心与大愿，感动各地民众积极参与社区服务，成为日后慈济社区志工与环保资源回收的一股大力量。

二〇〇〇年

三月，关山慈济医院启业，在容易车祸肇事的台九线公路，以及缺乏医疗资源的台东地区，落实以病人为中心的急性医疗及社区医疗照顾。

八月，大林慈济医院落成启业。发展重点：成为云嘉南医学中心、发展以病人为中心的老人医学、深入社区落实预防保健，成为健康促进医院。

慈济大学附属慈济中学暨慈济实验小学创校招生，正式迈向自幼稚园到研究所一贯连续教育的“教育完全化”新里程。

二〇〇一年

美国纽约九一一攻击事件震惊全世界，上人急起呼吁“惊世的灾难，要有警世的觉悟”，发起全球“爱洒人间植福田——一人一善远离灾难”募心运动，透过街头宣导、发送祝福卡，希望凝聚祥和的善念，减少天灾人祸。十月十三日，第一场烛光祈福晚会在关渡园区举行，邀请天主教、基督教、回教、佛教等宗教及企业代表，共同祈求世界有爱与和平。晚会通过大爱电视台现场实况转播，全球会众同步祈愿祝福。

二〇〇二年

慈济骨髓捐赠中心扩展为“慈济骨髓干细胞中心”正式

揭牌成立、慈济脐带血库成立。花莲慈济医院完成第一例成人周边血干细胞移植。

二〇〇三年

全球爆发“严重急性呼吸道症候群”(SARS)疫情，慈济人全力投入支援防疫工作。上人急起呼吁全民要有戒慎恐惧之心，谦卑以对；同时发起“爱洒人间——同心共济弭灾疫”运动，由慈济志工走入社区辅导全民自爱爱人，落实卫生防疫，并鼓励民众斋戒、祈愿、行善，期以善业共聚的力量消弭天灾、人祸与疾疫。

二〇〇四年

上人密集推展慈济委员和慈诚融合之新组织架构。委员以“组”、慈诚以“队”名之，二者皆区分为合心、和气、互爱、协力组(队)，加强落实“社区志工”及“小组关怀，多组活动”。上人以“立体琉璃同心圆”为譬，期勉全体志工将佛法落实生活中，相互提携培养人才，人人发挥菩萨的良能，广召社区民众投入，发挥净化人心的力量。

十一月，上人鉴于现今社会病态丛生，如年轻人染发、穿鼻洞、舌洞为时尚，乃至衣着不整等，却被视为潮流，也称“文化”等诸现象，为此将“文化志业”更名为“人文志业”，勉励慈济人树立当代的“人品典范”，让真善美的事迹“文史流芳”。

二〇〇五年

五月，台北慈济医院启业，是台湾第一座具备防震效能的医院，以医学中心级之服务与规模，结合慈济人文，致力朝向社区化、人文化、资讯化、国际化目标发展。

六月，印顺导师圆寂，享寿一百零一岁。证严上人感于师徒二人“因深缘远，忽焉在即”，慈济四十年来的成就，起因于当年师训一句：“为佛教，为众生”，遂教勉慈济人回归原点，重新起步。

八月，上人为提升慈济志工于大型急难救助之应变能力，并有效发挥救助共识，特指示本会慈善志业发展处及宗教处巡回全台举办七场“大型急难救助研习会”；此后列入每年志工精进研习之必须课程。

二〇〇六年

上人呼吁慈济人回归四十年前“竹筒岁月”的精神，推展“日行一善”运动，并祈愿人人“善念时时生，慧命日日增”。

五月，慈济基金会举办四十周年庆，联合国顾问朱兆吉博士专程与会，代表联合国秘书长安南，宣读慈济四十周年庆致证严上人之祝贺函。

十二月，慈济基金会志业体举办“传承静思法脉，弘扬慈济宗门”同仁精进研习营。证严上人期勉同仁，传承静思道场克勤、克俭、克己、克难的精神，走入人群付出大爱，启发人人心底的善念，从付出之中觉悟佛法的真理。

二〇〇七年

台中慈济医院落成启业，以发展预防医学为重点，强化社区互动，推展社区医学，并加强老年医学及慢性疾病的照顾。

全球温室效应危机、环境灾难频传，上人呼吁“以人心净水为生病的地球退烧”，积极推动“克己复礼”运动，提倡简约，从生活中减少碳足迹。

慈济人爱洒社区，以“静思好话一条街”活动，到各店家张贴静思语海报推广慈济人文。上人勉众学习放下身段，效法托钵化缘的精神，广结善缘，净化人心。

五月第二个星期日，“母亲节、佛诞日、全球慈济日”三节合一，为让更多人认识这个殊胜的节日，有报答佛恩、父母恩、众生恩的深义，同时能共同耕耘“敬田、恩田、悲田”三大福田，慈济于台北中正纪念堂举行盛大浴佛典礼，约二万人到场参与及观礼。此外，全球慈济人分别在二十四个国家、二百四十二个点举办浴佛典礼，共近二十五万人参与。

二〇〇八年

为减低碳足迹，新春全球慈济人首次透过网络视讯连线拜年，并开始推展社区道场视讯连线参与志工早会，每天与花莲本会同步亲聆上人开示，同步得知最新的志业讯息。

中国国务院台湾事务办公室公布，台湾慈济慈善事业基金会获准在中国成立基金会。慈济是首家由非大陆居民担任法定代表人的基金会。

缅甸纳吉斯风灾、四川省汶川大地震，灾情惨重震惊国际。上人发起“慈济川缅肤苦难，大爱善行聚福缘”赈灾暨募心募款活动，慈济全球分支会所自此开始每日定时祈祷祝福，成为一项常态活动，并推广斋戒环保救地球运动，期以净化人心、祥和社会，减少世间的苦难。

鉴于粮食危机及金融海啸冲击全球，上人提出“清平致富”，重视心灵的富足，回归平淡生活，勤俭务实，远离奢华。并推动社区慈善普查，关怀经济突发困境或子女就学困难的家庭，陪伴民众走过经济低谷。

二〇〇九年

《静思语》自一九八九年出版至今，已届满二十年，影响深广，这部集结证严上人法语书籍，将宗教信念与家庭、伦理结合，使人们重拾对传统价值的信念，并重建人与人之间的桥梁，影响人心朝向正面，发行超过三百四十五万册，并有典藏版、儿童版、漫画版等多元出版品。目前除中文外，已翻译成英语、德语、日语、法语、西班牙语、印尼语、泰语、越南语、韩语等十国语言，也出版中文简体版，行销全球。《静思语》第二辑于一九九一年付梓，相隔十八年后，第三辑于二〇〇九年问世。

“证严上人著作·静思法脉丛书”
书目

《静思语》系列:

静思语第一、二、三合集(典藏版)	定价:58元(绸面精装)
静思语第一集	定价:20元
静思语第二集	定价:22元
静思语第三集	定价:20元
静思小语(全八册)	定价:35元(一套两册,绸面精装)

人生系列:

人生经济学	定价:20元
心宽念纯	定价:20元
清平致福	定价:20元
撒下好命的种子	定价:23元
与地球共生息	定价:22元
色难	定价:20元
生活的智慧	定价:22元
证严上人说故事	定价:23元
生死皆自在	定价:25元
清净在源头	定价:28元(估价)
欢喜自在	定价:20元

佛典系列:

法譬如水——慈悲三昧水忏讲记	170 元(全 5 册,礼盒包装)
净因三要	定价:20 元
三十七道品讲义(上、下)	定价:23—25 元/册
三十七道品偈诵释义	定价:23 元
心灵十境——菩萨十地	定价:18 元
八大人觉经	定价:20 元
救世救心八大人觉经	定价:20 元
人有二十难	定价:20 元
调伏人生二十难	定价:20 元
佛遗教经*	定价:20 元
无量义经	定价:23 元
佛门大孝地藏经*	定价:38 元
东方琉璃药师佛大愿(上、下卷)*	定价:25 元/卷
凡人可成佛	定价:20 元
证严上人思想体系探究丛书	定价:75 元
真实之路	定价:45 元

其他相关图书:

证严上人琉璃同心圆	定价:38 元(精装)
静思语的智慧人生	定价:20 元
静思语的富足人生	定价:20 元
读静思语学英文(上、下册)	定价:22 元/册

(有*的作品为即将出版)

图书在版编目(CIP)数据

证严上人琉璃同心圆/潘煊著.—上海:复旦大学出版社,2013.1(2022.1 重印)
ISBN 978-7-309-08972-1

Ⅰ.证… Ⅱ.潘… Ⅲ.释证严-传记 Ⅳ.B949-92

中国版本图书馆 CIP 数据核字(2012)第 110486 号

慈济全球信息网:http://www.tzuchi.org.tw/
静思书轩网址:http://www.jingsi.com.tw/
苏州静思书轩:http://www.jingsi.js.cn/

证严上人琉璃同心圆
潘　煊　著
责任编辑/邵　丹

复旦大学出版社有限公司出版发行
上海市国权路 579 号　邮编:200433
网址: fupnet@fudanpress.com　http://www.fudanpress.com
门市零售: 86-21-65102580　团体订购: 86-21-65104505
出版部电话: 86-21-65642845
浙江新华数码印务有限公司

开本 890×1240　1/32　印张 8.875　字数 140 千
2022 年 1 月第 1 版第 2 次印刷
印数 5 101—6 200

ISBN 978-7-309-08972-1/B・432
定价:42.00 元